AF470425

Léon ROSENTHAL

Chargé du Cours d'Histoire de l'Art Moderne à la Faculté des Lettres

Directeur des Musées de Lyon

MANET

Aquafortiste et Lithographe

LE GOUPY

PARIS, 5, Boulevart de la Madeleine

MDCCCCXXV

MANET

Léon ROSENTHAL

Chargé du Cours d'Histoire de l'Art Moderne à la Faculté des Lettres

Directeur des Musées de Lyon

MANET

Aquafortiste et Lithographe

LE GOUPY

PARIS, 5, Boulevart de la Madeleine

MDCCCCXXV

A Henri FOCILLON
*en témoignage de gratitude
et d'affection.*

L. R.

INTRODUCTION

Les grands maîtres, lorsqu'il leur est arrivé d'aborder la gravure, ont d'ordinaire donné à leurs planches une envergure, un accent que les graveurs professionnels savent rarement atteindre, et, en même temps, ils nous ont livré, sur leur génie, sur leurs prédilections intimes, de précieuses confidences. Manet est de leur famille. Aucune des pages qu'il a marquées de sa griffe n'est indifférente. La plupart sont capables, tout au moins, de surprendre ou sont dignes d'être admirées. Pourtant leur rayonnement est demeuré très restreint.

M. Moreau-Nélaton a consacré, en 1906, à Manet graveur et lithographe, un catalogue qui est un modèle de science critique et dont le temps écoulé a vérifié la valeur. Ce livre est depuis longtemps épuisé. Recherché par les iconophiles, il n'a pas eu l'action générale bienfaisante qu'il méritait. La peine qu'avait prise M. Moreau-Nélaton de rassembler des estampes rares, de les classer, de les décrire avec précision, de les faire reproduire, aurait dû encourager les écrivains à tenter une étude qu'il leur avait rendue facile. Pourtant, parmi tant d'articles ou de livres qui se sont publiés sur Manet et qui continuent à lui être consacrés, il en est fort peu où il soit tenu compte de l'œuvre gravé. Aucun historien n'a accordé à cet aspect du génie de l'artiste l'attention qu'il méritait, nul ne s'est avisé d'en scruter les enseignements. Eaux-fortes et lithographies sont demeurées la jouissance de quelques collectionneurs.

C'est là la raison d'être et l'excuse de l'ouvrage que je soumets au public. Avec le concours de M. Moreau-Nélaton auquel je ne cesserai de me référer et de rendre hommage, je voudrais essayer de montrer au milieu de quelle atmosphère Manet fut entraîné à faire acte d'aquafortiste et de lithographe, ce qu'il dut à son temps, ce qu'il ajouta de son tempérament propre. En attirant l'attention sur des œuvres trop peu connues, je m'efforcerai de montrer en quoi elles concourent à préciser la physionomie de l'artiste et, reprenant à leur aide des problèmes souvent abordés, si je ne parviens pas à les résoudre, j'y apporterai du moins des arguments nouveaux.

La personnalité de Manet est une des plus exception-nelles et des plus obsédantes qui se présentent aux curieux. On me pardonnera d'avoir, à mon tour, tenté de la définir, et si mon texte, enfin, ne trouvait pas grâce devant les lecteurs, ils éprouveront, par compensation, des joies certaines à examiner les reproductions irréprochables, faites d'après des épreuves et des états rares, qui évoquent, sans la trahir, la pensée du maître dont j'ai eu l'ambitieux désir de servir la gloire.

CHAPITRE PREMIER

L'EAU-FORTE AVANT MANET ET AUTOUR DE LUI

I

Manet, quand il résolut de s'exprimer par l'eau-forte,
n'obéit ni à un instinct exceptionnel ni à une intuition
du génie. Il s'associa, tout simplement, à un mouvement
très général qui entraînait autour de lui les meilleurs
esprits. L'eau-forte était, à ce moment, l'objet d'une
faveur récente qui atteignit bientôt son paroxysme.

Depuis les débuts du xixᵉ siècle, ou, tout au moins, depuis
les premières années de la Restauration, il s'était trouvé
des artistes qui, éminents ou distingués, avaient, à leur
heure, touché à l'eau-forte. Dans mon livre sur *La Gravure*[1], j'ai rappelé leurs tentatives curieuses ou dignes
d'être admirées. M. Courboin, dans sa savante Histoire
de la Gravure française[2], a dressé une liste chronologique
fort intéressante des faits essentiels. Les grands noms
n'y manquent pas. Dès 1816, Ingres traçait d'une pointe
magistrale, sèche et libre, le portrait de *Monsieur de
Pressigny*. La page demeura unique. Géricault fit mordre
une seule eau-forte, un *gros cheval gris pommelé*;
Prudhon esquissa *Europe sur le taureau*. Delacroix, en
1814, avait, d'une main maladroite, griffonné un croquis
sur le cuivre. Il revint à la gravure en 1833, guidé sans
doute par son ami Frédéric Villot, et produisit, alors,

[1] *La Gravure*, 1909. Livre III. chap. III, p. 359, sqq.
[2] *La Gravure en France des Origines à 1900*, 1923, p. 178, sqq.

six pièces dignes de lui, qui ne devaient être publiées qu'au lendemain de sa mort.

L'eau-forte connut, à cette époque, une période de faveur. Célestin Nanteuil gravait, pour Victor Hugo, ses frontispices romantiques, et célébrait, dans une page connue, *La jolie fille de Garde*, 1836; Decamps confiait au cuivre quelques-unes de ses plus savoureuses inspirations. Paul Huet, en 1835, publiait un cahier de six eaux-fortes magistrales dont l'une, *La Chaumière*, était un chef-d'œuvre, et, en 1837, il produisait une planche de dimensions inusitées, *Les sources de Royat*, que Gustave Planche célébrait en un article de la *Revue des Deux Mondes*.

En 1833, Charles Lenormant avait fait illustrer de dix eaux-fortes son étude sur les Salons de 1831 et 1833. Alexandre Decamps consacrait, en 1834, au Salon, un livre, capital dans l'histoire de la gravure, *Le Musée*, enrichi d'estampes signées par Célestin Nanteuil, Barye, Decamps, Delacroix, Paul Huet... La grande revue artistique du temps, *L'Artiste*, publiait des eaux-fortes, originales ou reproductions de tableaux, dues à Célestin Nanteuil, Tony Johannot et à une pléiade de collaborateurs inégaux. D'autre part, dans les ateliers de graveurs au burin, Henriquel Dupont répandait l'usage de la préparation à l'eau-forte.

Ce mouvement, pourtant, ne s'étendit pas. Le public y était rebelle. En 1834, Frédéric Villot, dans *L'Artiste*[1], se plaignait du discrédit de l'eau-forte « de cette gravure vive et brillante, spirituelle et expressive, qui ne reconnaît d'autres règles que le caprice du peintre, d'autres

---

[1] Frédéric Villot, *De la Gravure à l'Eau-Forte*. *L'Artiste* 1834, tome VIII, p. 301.

principes que son génie ». Célestin Nanteuil, faute d'acheteurs, ne continua pas une illustration de Victor Hugo admirablement commencée.

Les artistes ne renoncèrent pas à l'eau-forte. A partir de 1838, Bléry, qui se réclamait de Boissieu et qui fut le maître de Méryon, commença à publier ses albums. En 1844, Chassériau, avec une sève, une abondance, une délicatesse exquises, contait, en quinze planches, la destinée tragique de Desdémone, amante et victime d'Othello. Corot, vers 1845, dessinait un poétique *Souvenir de Toscane*. Daubigny, depuis 1840, signait des pages d'un joli sentiment, d'une exécution surchargée ou étroite. Adolphe Hervier ne parvenait pas à imposer aux amateurs ses croquis d'un ragoût savoureux; Bresdin suggérait à Champfleury *Chien caillou*, 1847, tandis que Charles Jacque signait *La Truffière*, en 1845, et poursuivait, soutenu par le succès, une carrière abondante et facile.

1850. Une ère nouvelle se prépare[1]. Méryon grave *le Petit Pont*. Bientôt il publiera son célèbre album sur Paris. Daubigny, en 1851, dans son *Cahier*, apparaît comme métamorphosé, large, suggestif, libre, dominant enfin son métier, et Bracquemond, en 1852, livre à l'admiration *le Haut d'un battant de porte*, qui figure à l'Exposition Universelle de 1855 à côté de *la Chaumière normande* de Paul Huet et de *l'Abside de Notre-Dame* de Méryon. Dès lors un mouvement se dessine qui s'accentue d'année en année et qui autorisera Théophile Gautier, dans la Préface du premier recueil de la Société des Aquafortistes, à célébrer, sur le mode lyrique, la renaissance de l'eau-forte.

(1) En 1849, Harpignies avait publié à Valenciennes une suite de douze eaux-fortes.

Renaissance? M. Courboin le conteste. Fort de la liste qu'il a produite, il veut que l'eau-forte ait simplement poursuivi une évolution régulière. Pourtant Gautier, sous ses allures romantiques, était très maître de sa pensée. Capable de risquer une phrase sonore ou une image hasardeuse, il aurait évité le ridicule de chanter un renouveau imaginaire. Son témoignage, d'autres, plus circonspects, le confirment. Baudelaire, si informé, si pénétrant, si précis quand il s'agit d'art, n'affirme-t-il pas dans son étude : *Peintres et Aquafortistes*[1] que l'eau-forte « était un genre plus mort encore que le burin ». « On dirait cependant, ajoute-t-il, qu'il va se faire un retour vers l'eau-forte ou, du moins, des efforts se font voir qui nous permettent de l'espérer ». Et, groupant une série d'indices dont il tire un symptôme heureux, il doute toutefois « que l'eau-forte soit destinée prochainement à une totale popularité ». Dix ans plus tard, Philippe Burty[2] ne concevait pas la fortune de l'eau-forte autrement que Baudelaire ou que Gautier.

C'est que des œuvres, capitales à nos yeux, ont pu échapper aux contemporains ou ne pas triompher de leur indifférence. Malgré Chassériau, Corot, Daubigny, Hervier, et même Charles Jacque, l'eau-forte était peu goûtée ou peu comprise. Il suffit de comparer

(1) Publiée à l'occasion de l'apparition du premier fascicule de la Société des aquafortistes en 1863 et recueillie dans l'*Art Romantique*, IV. C'est Baudelaire qui avait demandé à Gautier de patronner l'eau-forte : « Mon cher Théophile, lui écrivait-il, le 11 août 1862, tu serais bien charmant si tu disais quelques mots agréables de l'entreprise des aquafortistes. C'est à coup sûr une très bonne idée, et il y aura dans la collection des œuvres qui te charmeront. Il faut évidemment soutenir cette réaction en faveur d'un genre qui a contre lui tous les nigauds ». *Lettres*, p. 341.

(2) Préface pour l'album de 1874 de l'*Illustration Nouvelle*.

les planches publiées par *L'Artiste* sous la direction, inconsistante et molle, d'Arsène Houssaye à celles que cette même Revue avait publiées dix ans auparavant, pour juger à quel point le goût public avait reculé.

L'engouement qui se manifesta pour la gravure à l'eau-forte dans les années où Manet commençait sa vie artistique, prit donc bien le caractère d'une renaissance véritable. Le mouvement eut trois apôtres dont les efforts enthousiastes convergèrent : Bracquemond, Delâtre, Cadart, un graveur, un imprimeur, un éditeur.

Ce n'est pas ici le lieu de faire la biographie ou l'éloge du grand artiste que fut Bracquemond, mais il convient de rappeler, parce qu'il les mit au service de la cause, la souplesse extraordinaire de son talent et la générosité de son caractère. Dessinateur original, il étudiait un portrait avec la curiosité serrée d'un primitif, observait et notait, en traits incisifs et délicats, les hôtes des champs et des bois ou illustrait d'une façon preste, une rabelaisienne plaisanterie. Traducteur des maîtres, il savait trouver pour chacun d'eux, une expression adéquate, capable d'exprimer tour à tour Holbein, Delacroix ou Meissonier. Evoquez dans votre mémoire, son propre portrait, tels ébats de canards, *Ils s'en allaient....*, *Erasme*, *Boissy d'Anglas* et *la Rixe*, six pages prises dans un œuvre immense, et dites s'il est possible d'imaginer un talent plus multiforme et plus compréhensif. Bracquemond était le meilleur et le plus serviable des camarades; heureux du succès de ses amis, passionné pour l'eau-forte, il lui recrutait des adeptes, toujours prêt à faire profiter les autres de sa prodigieuse science technique, prodiguant ses conseils et son temps. Corot, Millet,

Rousseau, Degas, eurent, comme Manet, recours à ses bons offices.

Delâtre fut un imprimeur original et inspiré. Graveur lui-même, doué d'un talent que les circonstances ne lui laissèrent pas le loisir de développer[1], il avait instauré, pour l'impression des cuivres, des méthodes sur lesquelles j'aurai à revenir, qui donnaient à l'estampe, une vigueur, un ragoût alors tout nouveaux, et qui s'imposèrent à tous les aquafortistes. Entouré d'une équipe d'ouvriers d'élite, il mettait au service des artistes une expérience dont l'Angleterre elle-même était tributaire.

Cadart, enfin, fut l'éditeur désintéressé, l'animateur capable d'attirer et de susciter les concours, le croyant un peu chimérique que l'insuccès ne rebute pas et qui se console de l'échec d'une entreprise par les perspectives merveilleuses d'une entreprise nouvelle. Il ne rêvait pas seulement, pour l'eau-forte, un succès splendide, il lui attribuait un rôle envahissant, capable d'entreprendre, en 1864, une véritable croisade en Amérique pour la conquérir à l'art qu'il patronnait.

Le mouvement fut soutenu par la critique. Gautier lui apporta l'autorité de son verbe sonore, Baudelaire sa fine perspicacité, Charles Blanc son dogmatisme. Philippe Burty se donna à l'eau-forte : amateur à la fois et collectionneur, l'œil juste et de la sensibilité la plus aiguë, il fut le champion le plus informé et le plus persévérant de la cause. Bien d'autres encore, Burger-Thoré, Zacharie Astruc, d'une façon générale

---

[1] On trouvera dans le livre de Philip Gilbert Hamerton, *Etching and Etchers* Londres, 1868, à côté de la page 349, une pointe sèche de Delâtre, effet de lune japonisant, d'un art un peu dépouillé, mais libre et délicat.

tous ceux qui défendaient l'art libre, furent des alliés.

La Gazette des Beaux-Arts, dès son apparition, en 1859, donna, comme jadis aux temps romantiques *L'Artiste*, et peut-être plus que *L'Artiste*, une place d'honneur à l'eau-forte.

C'est dans cette atmosphère que Manet va manier la pointe. Autour de lui qui ne s'y essaye pas? Desboutin s'adonne, à partir de 1855, à un art qu'il avait abordé dès 1850. Degas, en 1854, grave le portrait de sa sœur Madame Fèvre. Puis ce sont, en 1856, les portraits de son père, de son frère, le sien propre, et la célèbre effigie sobre et intense, du graveur Tourny. Jules de Goncourt fait ses débuts d'aquafortiste en 1859. Le 17 février, le voici faisant le guet devant les presses, avec la perplexité inquiète « d'un père qui attend un héritier ou rien ». « C'est, lit-on, dans le *Journal*[1] ma première eau-forte, que je fais tirer chez Delâtre : *Le portrait d'Augustin de Saint-Aubin*. Particularité étrange, rien ne nous a pris dans la vie comme ces choses : autrefois le dessin, aujourd'hui l'eau-forte. Jamais les travaux d'imagination, n'ont eu pour nous cet empoignement, qui fait absolument oublier non seulement les heures, mais encore les ennuis et tout au monde. On est de grands jours à vivre entièrement là-dedans; on cherche une taille comme on ne poursuit pas une épithète; on poursuit un effet de *griffonis* comme on ne poursuit pas un tour de phrase. Jamais peut-être en aucune situation de notre vie, autant de désir, d'impatience,

(1) *17 Février 1859*. Dans *Manette Salomon*, (1864-1866), CXXI, les Goncourt résument, sous une forme dramatique, les émotions, les fièvres, les anxiétés de l'aquafortiste.

de fureur d'être au lendemain, à la réussite ou à la catastrophe du tirage ».

Jules de Goncourt délaisse tout pour suivre la vocation qui le presse et, à la fin de mars 1859, il n'a pas signé moins de quinze planches[1]. Cette fièvre que Jules de Goncourt a su nous décrire avec son double don d'analyse et de style, combien l'éprouvent alors sans songer à nous en faire part? Elle anime, sans doute, Legros lorsqu'il grave ses « audacieuses et vastes eaux-fortes[2] » entreprises en 1855 et dont les premières furent réunies en un album en 1861. Bonvin, vétéran de la gravure puisqu'il a débuté en 1849, met en vente en 1861, « un cahier d'eaux-fortes laborieuses, fermes et minutieuses comme sa peinture[3] ». Millet, reprenant la pointe, produit coup sur coup trois chefs-d'œuvre; *La bouillie*, 1861, *la grande Bergère*, 1862, *le départ pour les champs*, 1863. Daubigny, Charles Jacque sont en plein épanouissement. Ribot demande au cuivre des oppositions intenses, sommaires et brutales.

A côté de ces maîtres, toute une pléiade d'hommes de talent entraînés par le même courant et dont quelques-uns deviennent uniquement ou spécifiquement des aquafortistes : artistes incomplets comme Chifflart aux nobles et démesurées ambitions; excentriques comme le vicomte Lepic; talents mesurés comme Appian, Lalanne ou Chauvel; historiographes de Paris, tels Léopold Flameng et Martial-Potémont, de Blois, tel Queyroy, de l'ancienne France, tel

---

(1) Roger Marx. *Les Goncourt et l'art, Maîtres d'hier et d'aujourd'hui*, p. 18, 1914.
(2) Baudelaire, *loc. cit.*
(3) Baudelaire. *loc. cit.*

LE GAMIN

O. de Rochebrune. Jules Jacquemart, en illustrant
l'Histoire de la porcelaine, 1862, révèle une science,
une finesse, une richesse intense que nul n'avait
portées dans la traduction des objets d'art et de
curiosité.

On ne saurait oublier les artistes étrangers dont
quelques-uns sont les camarades des nôtres, et qui,
tous, ont les yeux fixés sur Paris. C'est Jongkind « le
charmant et candide peintre hollandais » qui publie,
chez Delâtre, en 1862, un cahier de six eaux-fortes,
Vues de Hollande, et confie à ses planches « le secret
de ses souvenirs et de ses rêveries, calmes comme les
berges et les horizons de sa noble patrie, — singulières
abréviations de la peinture, croquis, ajoute Baudelaire,
que sauront lire tous les amateurs habitués à déchiffrer
l'âme d'un artiste dans ses plus rapides gribouillages [1] ».
C'est Félicien Rops qui publie, en 1856, son *almanach
crocodilien*. Whistler, avant de publier, en 1859, à
Londres, la célèbre série de la Tamise, a fait imprimer
par Delâtre, en 1858, le cahier de ses *douze* premières
eaux-fortes d'après nature, où l'on admire *La soupe
à trois sous*, parmi d'autres scènes inspirées par
Montrouge ou Montmartre. Initié immédiatement par
lui, son beau-frère Seymour Haden envoie à notre
Salon de 1859 *La vue prise sur la Tamise*, imprimée
chez Delâtre, où Burty trouvait la joie « que donnent
la saveur d'un fruit étranger et l'audition d'une belle
mélodie populaire [2] ». Edwin Edwards, enfin, apprenait
de Legros en 1861, la technique de l'eau-forte et

(1) *loc. cit.*
(2) Burty. *L'œuvre de M. Francis Seymour Haden, Gazette des Beaux-Arts*;
1864.

exposait au Salon de 1861 sa première planche, imprimée à Paris.

A ce moment, Carolus Duran orne d'un frontispice à l'eau-forte le *Salon intime* de Zacharie Astruc, 1860. *L'Histoire anecdotique des cafés et cabarets de Paris* de Delvau, 1862, s'enrichit d'un frontispice de Rops et d'une eau-forte de Gustave Courbet. Déjà Curmer a publié, en 1860, *Le Lac* de Lamartine illustré de seize planches par Alexandre de Bar.

L'érudition apporte son concours : Henri Delaborde publie, en 1860, *la Gravure depuis son origine*, et Georges Duplessis, *l'Histoire de la Gravure en France*. Prosper de Baudicour fait paraître, en 1859, *le peintre-graveur français continué*. *Le catalogue de l'œuvre d'Abraham Bosse* par Georges Duplessis, en 1859, *les Recherches sur la vie et les ouvrages de J. Callot* par Meaume en 1860, *l'œuvre complet de Rembrandt* commenté et décrit par Charles Blanc, en 1859, sont édités à leur heure.

L'engouement gagne les gens du monde. C'est à leur usage, plus encore qu'au profit des artistes, que, coup sur coup, Martial et Lalanne publient, chez Cadart, leurs manuels. *Nouveau traité d'eau-forte* par Martial, annoncé dès 1867, édité en 1873 : « Ce traité donne à quiconque sait dessiner les procédés de la gravure à eau-forte avec l'exemple gravé en regard de l'explication ». *Traité de la gravure à l'eau-forte*, texte et planches par Maxime Lalanne 1866. « J'ai compris, écrit Charles Blanc dans la préface, que votre livre était d'une nécessité absolue, que tel artiste ou tel amateur qui, dans le fond de sa province, voudrait se donner l'agréable passe-temps

de la gravure à l'eau-forte, n'aurait qu'à suivre pas
à pas l'ordre intelligent et méthodique de vos préceptes
pour mener à bien la planche la plus compliquée ».
Chez Cadart et Luquet, 79, rue de Richelieu, on ne
vend pas seulement des estampes. On y trouve
outillage et accessoires pour graver, et, si l'on veut,
une boîte complète pour la gravure à l'eau-forte :
ordinaire : 60 francs ; de luxe : 100 francs.

La consécration de cette vogue c'est la formation,
dans une assemblée d'artistes tenue le 31 mai 1862,
de la Société des aquafortistes[1]. Elle s'est d'abord
signalée à l'attention du boulevard par « des dîners
aussi fameux que ceux du journal « *Le Figaro* »,
banquets auxquels présidait Cadart[2]. Elle réunit
immédiatement un bataillon d'adeptes imposant par
le nombre et la qualité. J'ai sous les yeux la liste des
membres publiée par Cadart et son associé Luquet
dans leur catalogue de 1865[3] : ils sont soixante-deux.
En tête deux rois : Don Fernando, roi de Portugal[4] et
le roi de Suède et Norvège immédiatement suivis de
la princesse Mathide ; puis, dans le pêle-mêle de l'ordre
alphabétique, les noms destinés à la célébrité ou à la
gloire, parmi lesquels je relève : Bonvin, Boudin,
Corot, Courbet, Daubigny, Daumier, Fantin, Gigoux,
Legros, Pissaro, Puvis de Chavannes, Ribot, Ziem ;
des graveurs géniaux, Bracquemond, Jacquemart,

(1) On écrivait alors aqua-fortistes. C'était un néologisme contre lequel
Charles Blanc protestait tout en l'adoptant. Préface de Lalanne, p. V.

(2) Desnoyers, *Salon des Refusés*. 1863, p. 40.

(3) Broché à la suite du *Traité* de Lalanne.

(4) Une planche de Don Fernando, *La mort du chat Mur*, a paru dans la
3ᵉ année de la publication de la Société des aquafortistes ; d'une conception
spirituelle et d'une exécution libre, elle tient sa place d'une façon fort honorable.

Méryon; d'autres qui ont conquis une renommée plus discrète : Brunet-Debaisnes, Chauvel, Flameng, Lalanne, Martial; je ne puis les citer tous, de peur d'être fastidieux. Les Goncourt sont sur la liste. La province y est présente avec Aiguier, et Guigou de Marseille, Boucoiran de Nîmes, Ponthus-Cinier de Lyon, Sellier de Nancy, et l'on y voit aussi les amis étrangers : Edwards, Seymour Haden, Jongkind, Ridley, Rops, Stevens, Whistler.

La société fit œuvre féconde : elle était à peine fondée qu'une jolie eau-forte d'une fantaisie délicate due à la pointe de Vollon [1] annonçait la publication, à partir du 1ᵉʳ septembre 1862, par fascicules mensuels de cinq planches d'un album qui réunirait, annuellement, soixante eaux-fortes originales précédées d'un frontispice gravé et accompagnées d'une introduction par un écrivain d'art [2]. Le début fut brillant. Le premier fascicule, avec un frontispice de J. Jacquemart et l'introduction par Théophile Gautier à laquelle j'ai fait allusion tout à l'heure, réunissait les cinq noms de Bracquemond (*l'Inconnu*), Daubigny, (*Parc à moutons, le Matin*), Legros (*le Réfectoire*), Manet (*les Gitanos*), et Ribot

(1) Il y eut une autre eau-forte réclame, celle-là fort médiocre, signée : Pastelot.

(2) *Eaux-fortes modernes, publication artistique d'œuvres originales par la Société des aquafortistes.* Cette publication paraît à raison de 60 eaux-fortes originales par année, tirées sur papier vergé d'un format de 0ᵐ55 sur 0ᵐ35. Elles seront distribuées aux souscripteurs à raison de 5 épreuves par mois, renfermées dans une couverture. Conditions de la souscription : Paris : un an : 55 francs. Six mois : 25 francs. Départements : un an : 55 francs. Six mois 28 francs. Prix de chaque épreuve séparée, 1 fr. 50. Edition de luxe, sur papier de Hollande, avant la lettre, chaque année, 100 francs. Les années écoulées se vendaient 50 francs en feuilles et 60 francs reliées.

D'après M. Moreau-Nélaton, (*Manet graveur et lithographe*) l'idée de la publication appartenait à Bracquemond. C'est Legros qui avec Hippolyte Babou aurait décidé Cadart à l'entreprendre.

LA PETITE FILLE

(*la Prière*). On ne pouvait faire une plus sûre sélection. Les fascicules se succédèrent avec régularité de 1863 à 1867. Puis, quand des querelles personnelles et des difficultés financières eurent amené la dissolution de la Société, Cadart lança l'*Illustration nouvelle* qui poursuivit sa carrière de 1868 à 1880.

Soixante eaux-fortes annuelles ne pouvaient toutes être des chefs-d'œuvre, mais les œuvres de premier ordre y furent nombreuses et les pages faibles l'exception[1]. Gilbert Hamerton, dans son livre *Etching and Etchers*, paru à Londres en 1868, et que j'aurai souvent l'occasion de citer, juge, avec une sévérité qui est peut-être entachée d'incompréhension, la publication des aquafortistes. Trouvant encombrante la collection des quatre premières années, il déclare avoir fait une revision et en avoir déchiré les trois quarts, — puisse-t-il n'avoir pas détruit les planches les plus originales, et parmi elles celles de Manet qu'il ne comprenait pas. Mais il ajoute, avec un sens pratique tout britannique, que la souscription étant peu élevée, il n'a pas, en somme, payé trop cher ce qu'il conserve.

Les persécutions ne manquèrent même pas pour fouetter le zèle des tenants de l'eau-forte. Le jury du Salon de 1863 enveloppa dans ses fameuses proscriptions, et, peut-être, en manière de protestation contre la formation de la Société des Aquafortistes, le célèbre *Erasme* gravé d'après Holbein et *le Tournoi*

(1) La première année, en dehors du premier fascicule, réunit des estampes de Jacquemart, Jongkind, Seymour Haden, Hervier, Ribot, Bracquemond, Corot, Legros... En 1864, Paul Huet, Manet, Ribot, Jongkind, Bracquemond, Hervier... ont collaboré : en 1865, Bracquemond, Jacquemart, Ribot, Legros, Fantin, Daubigny, et l'on publie les *Femmes d'Alger* de Delacroix.

gravé d'après Rubens par Bracquemond, la tête de *Jean Bellin* gravée par Ferdinand Gaillard, *le martyre de Saint-Barthélemy*, d'après Ribera par Masson, *les bords de l'Oise*, d'après Daubigny par Armand Gautier[1], des œuvres de Chauvel, Desbrosses et de Greux; et les trois planches envoyées par Manet.

C'est en 1860 seulement que Manet aborda l'eau-forte. Presque aussitôt, nous venons de le voir, il avait été appelé à faire partie du peloton d'élite chargé de présenter et d'imposer aux amateurs les publications des aquafortistes et il avait subi, non pas seulement comme peintre, mais comme graveur, les colères du jury de 1863. Par cet honneur et par ce martyre, il a au moins, un moment, joué un rôle éminent dans l'évolution que nous venons d'esquisser. Parmi les maîtres qui y participèrent avec lui, il en est peu avec lesquels il n'ait eu des liens d'amitié, d'admiration ou tout au moins d'estime. Il s'était lié d'une façon intime avec Bracquemond qui figure à ses côtés près de Whistler, Fantin, et Legros dans l'*Hommage à Delacroix*. Desboutin fréquentait le café Guerbois où s'asseyait Degas, et où l'on voyait le graveur Belot immortalisé par *le Bon Bock*. Manet avait donc été porté vers la gravure par une atmosphère favorable, soutenu par de valables sympathies et, pourtant, son originalité et l'indépendance de son génie, dans ce domaine comme dans la peinture, lui interdisaient le succès. Dans le temps où l'eau-forte triomphait, où

(1) J'emprunte cette liste à Louis Etienne, *Le jury et les exposants. Salon des refusés*, 1863; à Burty, *Gazette des Beaux-Arts*; à Desnoyers, *Salon des refusés*, 1863, p. 105. Je n'en garantis pas l'exactitude. Desnoyers attribuait à Balleroy la tête de Jean Bellin par Ferdinaud Gaillard.

Burty, chaque année, entonnait un chant de victoire[1],
Manet se trouva délaissé et méconnu.

Il ne rencontra pas le noyau d'amateurs qui, en
achetant ses estampes, auraient encouragé les éditeurs
à s'adresser à lui et l'auraient encouragé lui-même à
persévérer et à produire. Par tempérament, on le sait,
il avait besoin du succès. Révolutionnaire sous l'empire
d'une force intérieure dont il n'était pas maître, il
eût voulu être aimé et adopté. Il put peindre au milieu
des sarcasmes parce qu'il était né peintre et qu'il
avait foi en lui-même, mais aussi parce qu'il jouissait
de la bataille qu'il déchaînait malgré lui et que les
injures avaient les admirations enthousiastes comme
contre-partie. L'estampe ne lui accordait pas les
mêmes joies. Les épreuves restaient dans les cartons,
inconnues, mal défendues, car les amis de Manet
semblent les avoir eux-mêmes peu goûtées. Ni
Baudelaire, ni Burty, qui cependant les collection-
naient, ni Zacharie Astruc ne rompirent de lances
en leur faveur. Devons-nous en être étonnés? Le
discrédit s'est prolongé longtemps après la mort de
Manet et c'est le point sur lequel on a le plus tardé à
lui rendre justice. Sans être surpris de cette incompréhension, nous en déplorons les conséquences
funestes. Manet n'a peut-être pas produit un tableau
de moins qu'il eût fait au milieu de l'admiration
universelle. Il se désintéressa d'un art autour duquel
régnait le silence. Sans abandonner totalement la
gravure, il ne lui accorda qu'une attention intermit-

(1) « Jamais l'eau-forte n'a triomphé comme de nos jours ». *Gazette des
Beaux-Arts*, 1865. « L'eau-forte triomphe sur toute la ligne », *Gazette des Beaux-
Arts*, 1866. Même note en 1867, *La gravure et la photographie en 1867*; *Gazette
des Beaux-Arts*; et en 1868.

tente et rare. Quelle tristesse pour nous, en présence de pages émouvantes ou d'une saveur forte, de penser qu'elles auraient pu, qu'elles auraient dû être multipliées!

Ce n'est pas, hélas! notre seul regret. Cette production restreinte, d'autant plus précieuse pour nous qu'elle est moins abondante, nous ne la connaissons que d'une façon imparfaite. M. Théodore Duret, qui avait été l'ami de Manet, avant de se faire son historien, n'en avait dressé qu'une liste incomplète pour laquelle il prévoyait des compléments par des découvertes futures[1]. Béraldi avait donné un catalogue qu'il imaginait complet et qui était fort imparfait[2]. M. Moreau-Nélaton a beaucoup ajouté à Duret et à Béraldi; est-il arrivé à inventorier l'œuvre total? en tous cas, depuis lors, s'il est apparu des états qui lui avaient échappé, aucune pièce inédite ne s'est, à notre connaissance, retrouvée. Mais un hasard heureux est toujours possible. Parmi les œuvres qu'il a décrites, il en est quatre (M. N. 68-71) dont toute épreuve a disparu. Elles figuraient encore à l'exposition posthume du maître; la famille prit alors la précaution de les faire photographier et ce sont ces photographies qui nous en portent seules témoignage, témoignage nécessairement imprécis et incomplet[3].

(1) Duret, *Histoire d'Edouard Manet et de son œuvre*. 1902, p. 125. Le paragraphe a disparu de l'édition de 1919 qui renvoie au catalogue Moreau-Nélaton.

(2) *Les graveurs du XIXᵉ siècle*. t. IX.

(3) L'article *Manet* du *Dictionnaire des Contemporains*. édition de 1870, cite, parmi les eaux-fortes du maître, la *Vierge au lapin*, d'après Titien et le *portrait de Tintoret* par lui-même. Manet, on le sait, avait copié à l'huile les deux tableaux. En avait-il fait des eaux-fortes? Vapereau, (ou son collaborateur anonyme) a vraisemblablement fait une confusion. Il subsiste pourtant un doute qu'une découverte dans un portefeuille pourrait éclaircir.

Nous n'avons pas achevé le chapitre des doléances. L'indifférence et l'hostilité ont encore eu d'autres conséquences fâcheuses. Les pièces que nous possédons nous sont parvenues enveloppées d'incertitude : nous ignorons leurs dates, leur ordre chronologique, parfois leur signification véritable. Les renseignements que M. Moreau-Nélaton a pu obtenir de contemporains et, en première ligne, de Bracquemond, s'appuient sur des souvenirs dont un demi-siècle avait émoussé la précision. S'il paraît naturel, quand on étudie l'art des siècles lointains d'avoir à suppléer aux documents lacunaires par d'ingénieuses conjectures, on s'étonne et l'on s'irrite d'en être réduit à formuler des hypothèses au sujet d'un artiste mort d'hier et qui jouit de son vivant, de la plus éclatante notoriété.

Au témoignage de Duret, les premiers essais d'eau-forte par Manet auraient été la planche intitulée *Silentium* (M. N. 22) et le portrait du *Baïlarin* espagnol *Camprubi* (M. N. 31). *Silentium* : un Dominicain vu de face jusqu'à mi-jambes, dans une sorte d'arcade cintrée, le doigt sur la bouche, semble nous inviter à la méditation. Duret le donnait pour une conception originale. M. Moreau-Nélaton y reconnaît un motif « inspiré des primitifs italiens ». En réalité, c'est une interprétation libre d'une fresque de Fra Angelico qui représente Pierre Martyr. Manet s'est contenté de supprimer le coutelas qui, enfoncé dans l'épaule droite du saint, rappelait sa fin tragique. La fresque est au couvent San Marco à Florence. Manet l'a-t-il vue au cours de son voyage en Italie, s'est-il inspiré de quelque estampe? Question sans réponse.

Le danseur Camprubi appartenait à la troupe où

brillait Lola de Valence. Il figure dans le petit tableau, *le Ballet Espagnol,* de la collection Durand-Ruel, et Manet l'avait repris seul sur une petite toile. (Th. D. sup. 2). *Le Ballet* fut peint, vers 1861. L'eau-forte est vraisemblablement de la même époque, et cela situerait, approximativement, la date des débuts de Manet aquafortiste. Mais Manet avait signé et daté de 1860 un petit portrait de son père. (M. N. 5o). Il porte des traces d'hésitation et de tâtonnements que l'on ne retrouve pas dans *Silentium* et *Camprubi* et c'est là sans doute la pièce véritable de début.

Presque immédiatement, en 1862, Cadart lançait une « Collection de huit eaux-fortes, sujets divers, par Edouard Manet ». Manet avait alors trente ans. Ce n'était pas débuter jeune, mais Manet, peintre, n'avait pas non plus été précoce. Il venait à peine d'entrer en contact avec le public par le portrait de ses parents et le *Guittarrero* exposés au Salon de 1861 et par l'*Enfant à l'épée* présenté dans une exposition particulière. Il n'avait pas encore suscité le scandale. Le jury lui avait attribué une mention honorable pour le *Guittarrero*. Delacroix, assure-t-on, l'avait remarqué. Gautier lui avait consacré quelques lignes brillantes. Cela, l'estime de quelques bons esprits, et surtout, sans doute, l'amitié agissante de Bracquemond, put décider Cadart, dans toute sa fièvre d'audace, à faire confiance à un débutant sympathique.

Manet avait préparé la présentation de son cahier avec grand soin, gravant jusqu'à trois frontispices successifs. Le premier (M. N. 48), conçu à la manière d'un prologue de la comédie italienne, montrait un personnage qui passant la tête entre deux rideaux, semblait pénétrer dans un atelier : au mur un dessin épinglé représentant un ballon captif, une épée et son baudrier accrochés, jetés sur le sol un chapeau et une guitare. Le second (M. N. 49) d'une sobriété classique, se réduisait à un carton d'estampes posé sur un chevalet. Un chat seul y trahissait les goûts et la personnalité de l'artiste. Ils furent tous les deux écartés, le premier, qui répondait, en somme, le mieux aux pratiques à la mode et au goût du public, peut-être à cause de sa banalité relative; le second sans doute, pour son relief insuffisant, et Manet, reprenant un détail du premier projet, dessina le frontispice définitif dont un sombrero et une guitare jetés sur le sol avec une insolence cavalière forment le piquant motif. (M. N. 1) [1].

La liste des eaux-fortes du cahier était gravée au-dessus du dessin. Dans un premier état (M. N. 1. *1*), elle comportait, avec les planches publiées, cinq autres que l'on avait certainement eu l'idée de comprendre dans la publication et qui furent ensuite éliminées [2]. Il ne faut pas supposer ici un scrupule d'artiste, car, parmi les pièces écartées, il en est au moins trois : *l'Enfant à l'épée, les Gitanos* et *Lola de Valence*, qui sont des pages capitales. Peut-être furent-elles évincées par scrupule d'équilibre, parce que leur ampleur eût fait paraître un peu maigres d'autres morceaux moins vigoureux; peut-être craignait-on simplement, en multipliant les planches, de rendre la publication trop coûteuse. Une dernière hypothèse me paraît plus

---

(1) Manet a repris le même sujet dans un dessus de porte (Th. D. 38).

(2) *L'enfant à l'épée* (M. N. 52). *Lola de Valence* (M. N. 3). *Le baïlarin Cumprubi* (M. N. 31). *Les Gitanos* (M. N. 2). *La marchande de cierges* (M. N. 56)

probable. Tandis qu'il donnait ses soins à l'album, Cadart conçut la publication des aquafortistes et il est probable qu'il réserva précisément à cause de leur valeur, *Les Gitanos* qui, on le sait, parurent dans le premier fascicule et *Lola de Valences* qui figura dans le second fascicule de la deuxième année.

Le cahier renfermait, outre le frontispice, huit feuilles, dont l'une réunissait deux compositions distinctes, donc, en réalité dix eaux-fortes[1]. Le prix en était tout à fait modique: douze francs; deux francs la planche séparée. Il ne se vendit pas. « Les volontaires et nettes affirmations d'un homme qui parlait la langue des maîtres » dit en termes excellents M. Moreau-Nélaton, « passèrent pour des bégaiements fantaisistes ».

Peut-être, pourtant, aurait-on apporté quelque bonne volonté à essayer de les comprendre si, à ce moment même, la personne de Manet n'avait revêtu un aspect nouveau et s'il n'était devenu tout à coup un objet de répulsion et d'effroi. L'exposition de la galerie Martinet provoqua une véritable émeute... Des sifflets et des huées annoncèrent, comme l'écrivait Zola, « qu'un nouvel artiste original venait de se révéler ». Quelques semaines après, le Salon s'ouvrait. Manet y avait envoyé avec le *Déjeuner sur l'herbe*, trois de ses eaux-fortes : *Les petits cavaliers* et *Philippe IV* d'après Velasquez et *Lola de Valence*. Sans doute, avec sa belle confiance, il avait escompté un accueil qui aiderait à la vente de l'album. Le jury balaya

(1) 1. *Le guitarrero* (M. N. 4). — 2. *Les petits cavaliers* d'après Velasquez (M. N. 5). — 3. *Philippe IV* d'après Velasquez (M. N. 6). — 4. *L'espada* (M. N. 7). — 5. *Le buveur d'absinthe* (M. N. 8). — 6. *La toilette* (M. N. 9). — 7. *L'enfant et le chien* (M. N. 10). — 8. *Le gamin* (M. N. 11). — 9. *La petite fille* (M. N. 12).

JEANNE

tout. Manet transporta crânement peintures et estampes au Salon des Refusés. Mais, au milieu de la tempête que suscita le *Déjeuner sur l'herbe*, ni amis, ni ennemis ne se soucièrent des eaux-fortes. Elles furent, par surcroît, condamnées.

Manet ne se tint pas pour battu : le *Portrait de Philippe IV* et *Les petits cavaliers* figurèrent avec les *Gitanos* en 1867 à son exposition particulière de l'avenue Montaigne. Le procès ne fut pas revisé. En 1874, Cadart obstiné mit en vente un nouveau cahier tiré sur japon à cinquante exemplaires[1]. Nouvel échec. L'insuccès devait persister même après la mort de l'artiste. La publication, en 1890, d'un recueil de vingt-quatre planches par sa famille fut infructueuse comme les précédentes[2].

Cependant, en 1867, Zola plaçait en tête de sa brochure sur Manet une eau-forte d'après *l'Olympia* que l'artiste avait gravée à cette intention. En 1868, Philippe Burty s'était chargé pour l'éditeur Lemerre de réunir les éléments d'un livre, *Sonnets et Eaux-*

[1] M. Moreau-Nélaton n'a pu rétablir d'une façon certaine la composition du cahier. D'après l'exemplaire qui appartint à Burty et qui peut-être n'était pas complet, il donne la liste suivante : *Le frontispice de 1862*, (la nomenclature supprimée), *Lola de Valence*, *Le Guittarrero*, *Le gamin*, *La petite fille*, *Les petits cavaliers*, *L'infante Marguerite* (M. N. 12) et *Le torero mort* (M. N. 13).

[2] *Recueil de vingt-quatre planches sur japon impérial format grand colombier.* Édité à l'imprimerie de Gennevilliers, Seine. Depuis, l'éditeur L. Dumont qui avait acquis les cuivres de Madame Manet, fit un nouvel album tiré à trente exemplaires. Un dernier album tiré à cent exemplaires a été publié en 1905 par l'éditeur Strölin successeur de Dumont, avec une introduction de Th. Duret. On m'a assuré qu'à la vente du sequestre Strölin figuraient un certain nombre de ces albums; rachetés par des marchands d'estampes, ils auraient été démembrés pour être vendus planche par planche. On trouvera la composition de ces albums dans le livre de M. Moreau-Nélaton. Après ce tirage, les cuivres furent percés, mais on en a tiré des épreuves nouvelles que l'on trouve chez des marchands d'estampes. Les trous les différencient des anciennes. L'une d'elles, *Berthe Morizot*, (M. N. 41), en cet état, illustre le livre de Duret : *Manet and the Impressionists*, 1912, en face la page 102.

fortes. Chaque pièce de vers devait être accompagnée par une planche. Il fit appel à Manet et lui envoya le sonnet « *Fleur exotique* » avec le mot suivant : « Voici un sonnet qui me paraît cadrer très bien avec ce que nous connaissons de vous. Bracquemond qui est la complaisance même vous fera mordre ce que vous voudrez ». Manet fit l'eau-forte (M. N. 18) qui parut dans le livre en 1869. Cette même année, le petit volume publié par Asselineau en hommage à la mémoire de Baudelaire présentait une série de portraits du poète dont deux par Manet (M. N. 15 et 16); il donna encore une eau-forte (M. N. 19) pour *Les chats* de Champfleury édités en 1870, huit croquis (M. N. 23 à 30) pour le *Fleuve* de Cros, 1874. Peu de chose au prix de ce qu'il eût pu faire.

En 1882, il exposait *Jeanne*. L'œuvre rencontra une faveur légitime mais inattendue, Manet la reprit dans une eau-forte (M. N. 47). Cette année, son ami d'enfance, Antonin Proust, faisait le *Salon* dans la *Gazette des Beaux-Arts*; un dessin de Manet d'après *Jeanne* illustra son article. C'est ainsi qu'il apparaissait dans cette revue où, depuis plus de vingt ans, Bracquemond, Jacquemart, Seymour Haden avaient été fêtés. L'opinion, enfin évoluait. C'était bien tard, trop tard, pour lui, puisqu'il est mort le 30 avril 1883.

A son exposition posthume organisée à l'École des Beaux-Arts en 1884, vingt-deux eaux-fortes figuraient disposées en sept cadres. Selon le catalogue de M. Moreau-Nélaton; quarante-sept pièces avaient été éditées ou connues par les contemporains. Vingt-huit autres étaient restées inédites. Ce qui porte à soixante-quinze numéros l'œuvre gravé de Manet.

CHAPITRE II

MANET AQUAFORTISTE

II

Une eau-forte de Manet frappe tout d'abord par un
aspect d'originalité. La saveur en est âpre et forte.
Mais ce caractère est, d'une page à l'autre, très diffé-
remment accentué et elles sont loin de se ressembler
toutes. Il en est 'dont l'exécution est complexe; les
travaux y ont été prodigués, libres sans doute mais
avec un soin attentif, un désir de nuances, des délica-
tesses exquises et, parfois, comme une caresse. Ainsi
l'*Enfant à l'épée* (M. N. 52), *Lola de Valence* (M. N. 3)
« à laquelle, comme l'a écrit avec bonheur Théodore
Duret, on est particulièrement ramené par le charme
qui s'en dégage[1] ». Ainsi encore *le lapin* (M. N. 64),
petit bijou classique, fin, velouté, où l'on lirait sans surprise la signature de Chardin. Ces pages, dans lesquelles
Manet « montre combien quand le sujet s'y prêtait, il
savait user des ressources les plus subtiles de l'outil[2] »
sont, on le comprend, les moins imprévues. Avec des
différences qui tiennent au moment et à la personne des
artistes, avec d'autres pratiques de métier, elles s'apparentent, tout de même, aux eaux-fortes de la période
romantique, aux notations insistantes et savoureuses de
Célestin Nanteuil, à l'écriture touffue d'un Paul Huet

(1) *Manet* 1919, XI p. 160.
(2) id. *ibid*.

ou encore au métier surchargé des premiers Daubigny.

D'autres, au contraire, sont traitées avec une insolence cavalière. Quelques traits décisifs, une sorte de brutalité parfois, ou même un aspect de négligence voulue : on les prendrait pour un défi au public, ce qui est inexact, ou pour des improvisations, illusion que l'analyse a vite fait de dissiper. Ces jours-là Manet s'est exprimé d'une façon sommaire pour les mêmes raisons qui l'avaient entraîné, la veille, à moduler sa phrase; parce que c'était, à ses yeux, la vraie façon de traduire sa pensée. Inutile d'affirmer qu'il n'a pas bâclé : si la forme est elliptique, elle est caractéristique et synthétique, partant mûrement méditée. Pas davantage il n'a eu l'intention de nous surprendre; il a travaillé pour se satisfaire lui-même et est bien fâché que nous n'entrions pas facilement dans ses intentions. Faut-il donner des exemples? *Les Gitanos, le buveur d'eau* (M. N. 32), *la queue à la boucherie* (M. N. 45) viennent immédiatement à l'esprit. C'est là que Manet est le plus neuf et c'est avec ces allures qu'il a le plus surpris, fait crier au barbouillage, suscité le scandale.

En cet ordre même il n'apparaît pas, soyez-en persuadés, comme un phénomène sans précédent. Ce qu'il fait, en somme, c'est de l'eau-forte de peintre; selon son tempérament qui est un des plus originaux et des plus spontanés qui aient jamais existé, mais, tout de même, de cette indépendance d'autres ont usé avant lui. Je pourrais rappeler Ribera, Tiepolo, Delacroix avec *les Juives d'Alger* et *les Arabes*. Mais un rapprochement pour moi s'impose. Le véritable jalon, qui semble préparer Manet, c'est *l'Othello* de Chassériau. Les pages que Chassériau, selon la formule

MARCHANDE DE CIERGES

heureuse de Charles Blanc [1], « a gravées à l'eau-forte d'une pointe brutale, mais remplies de fierté et de sentiments », cette suite « semée çà et là de beautés étranges, originales », j'y trouve, par avance, la sensation d'âpreté, d'impatience que Manet sait communiquer. Je ne m'arrête pas à certaines pratiques mesquines d'exécution dont Chassériau s'est embarrassé et dont il aurait certainement secoué le joug s'il avait continué à graver, puisque d'une planche à l'autre, le métier s'allège et l'aspect devient plus franc et plus lumineux. Je suis frappé par cette largeur de pensée, de dessin, plus visible, au reste, dans les états préparatoires que dans les planches achevées. L'artiste semble à l'étroit dans les dimensions qu'il s'est imposées : on dirait qu'il déborde la page, son expression a un accent vigoureux et ne craint pas une incorrection apparente. Cela, à mes yeux, suffit, si différents qu'aient été les tempéraments des deux artistes, pour évoquer, ici, le nom de Chassériau, tout au moins comme celui d'un précurseur dans la voie de la liberté.

Autour de Manet, sans aller plus loin que les publications de la Société des aquafortistes, Legros, Courbet [2], Ribot, Jongkind, en usent comme il fait lui-même, selon leur génie et sans se préoccuper d'une esthétique particulière à l'eau-forte ou de conventions reçues. Et l'on pourrait se demander pourquoi Manet n'a pas été admis par le public si Legros et Ribot avaient joui de quelque crédit.

Mais, avec moins de violence, eux aussi, ils étaient

---

(1) Cité par Roger Marx, *Maîtres d'hier et d'aujourd'hui*, p. 262.

(2) Dans l'eau-forte des *Demoiselles de Village* qui a été, on le sait, mordue par Bracquemond, mais dont le dessin et, tout au moins, l'intention sont bien de Courbet même.

repoussés. Ce que les amateurs désiraient, c'était la page équilibrée, offrant, par une répartition dosée des ombres et des lumières, des taches noires et claires, un ensemble d'intelligence facile, chaud, s'il était possible, jouant bien dans une large marge. Aucune formule technique n'était imposée, toute liberté était admise pourvu que rien ne vînt surprendre et que la page parût achevée. Cette formule, Appian, Chauvel, Lalanne, dix autres la fournissaient naturellement. Charles Jacque ou Daubigny ne proposaient rien qui vînt heurter cet idéal, mais Manet!

J'imagine la stupeur ou l'indignation qu'eurent en 1869, les amateurs qui feuilletaient *Sonnets et eaux-fortes* lorsqu'ils arrivèrent à la planche de Manet. Malgré des collaborations retentissantes, le recueil, il faut l'avouer, est, poèmes et images, au-dessous du médiocre. Ecrivains et artistes n'y ont vu qu'une entreprise de librairie. Le sonnet dévolu à Manet est d'une faiblesse inimaginable et la gravure de Manet même n'est pas une de celles que je préfère. Mais, lorsque l'on vient de parcourir ces estampes fades, doucereuses et lâchées, le Manet éclate, tout à coup, en opposition avec tout ce qui le précède, audacieux, tapageur, comme si un vent de tempête, battant les portes, s'était déchaîné brusquement dans un intérieur élégant, vieillot et confiné.

De telles impressions sont dues beaucoup moins à la technique de l'artiste qu'au caractère même de sa pensée ou plutôt leur force vient de ce que la technique est entièrement d'accord avec une pensée dont elle poursuit essentiellement la traduction intégrale. Manet n'a, à aucun degré, cherché à être un excellent graveur. Il est aux antipodes d'un Méryon qui copie avec

Ce métier, il ne l'a pas créé : il en a pris les éléments de toutes mains. On a dit et on a répété qu'il devait tout à Goya. « Il est à peine nécessaire de faire remarquer, écrivent MM. Laran et Le Bas, combien ses planches plus encore que les peintures trahissent la hantise de Goya, ne fût-ce que par leur sans-gêne un peu insolent[1] ». La parenté est indéniable, essayons de la préciser, de la mesurer.

Le fantastique, l'exaltation, le lyrisme même répugnaient à la nature de Manet : il a certainement admiré *les Caprices* et *les Proverbes*, mais l'imagination de Goya ne pouvait avoir aucune action sur lui. Au contraire, il y a, entre la vision des deux maîtres, une affinité étroite. Tous deux sont passionnés par la vie, le caractère, tous deux essayent de définir avec acuité la réalité présente. Reste la notation, et c'est, en ce moment, l'objet précis qui nous intéresse. Il y a, au point de vue de l'effet général, de l'allure, si l'on veut, des ressemblances évidentes, et ces ressemblances ne se limitent pas à certaines catégories de planches. Que l'aquatinte domine ou qu'elle se subordonne aux travaux de la pointe, que les travaux soient nombreux et calculés ou qu'ils soient sommaires et fougueux, on peut presque toujours rapprocher d'une page de Manet, une page de Goya. Parfois Manet s'est évidemment amusé au pastiche. « Dans plusieurs de ses eaux-fortes, au témoignage de Duret[2], comme dans certains de ses tableaux, il a aimé, de propos délibéré, à faire apparaître la réminiscence des devanciers, ses favoris. C'est ainsi que la *Femme à la Mantille*

(1) Manet (col. *L'art de notre temps*), p. 26.
(2) *Manet*, 1919, p. 163.

FLEUR EXOTIQUE

(Fleur exotique) a été faite ouvertement dans la manière de Goya ».

Précisons : *Fleur exotique* est inspirée de la façon la plus directe par la quinzième planche des Caprices, *Bellos consejos.* Remarquons, en passant, que la ressemblance est d'ordre uniquement plastique. Manet a laissé à Goya les intentions satiriques et morales, et ne lui a pris qu'une image. *Le montreur d'ours* (M. N. 65) qui n'évoque pas une page déterminée est aussi, tout à fait, dans la manière espagnole.

Manet doit à Goya des habitudes et des tours de main. Il lui a emprunté le goût pour l'aquatinte à laquelle il donne parfois un rôle prépondérant presque exclusif, comme dans *Fleur exotique* et *au Prado* (M. N. 62) où elle détermine des contrastes véhéments d'ombre et de lumière, et dont il a usé d'une façon constante, avec plus ou moins de modération, jusque dans *Jeanne*, la dernière pièce, on s'en souvient, qu'il ait gravée. C'est là une pratique que nous n'aimons plus guère à l'heure actuelle; l'aquatinte nous apparaît trop sommaire, trop mécanique et même un peu morne, nous préférons les effets obtenus par le travail de la pointe. Je regrette que Manet ait vécu à un moment où l'on n'avait point le culte de l'eau-forte pure. Au reste il ne désirait pas faire une belle eau-forte et l'aquatinte avait le mérite d'être expéditive.

Il a aimé, chez Goya, un métier qui s'écartait de toute pratique conventionnelle. Goya évite de modeler par hachures croisées et Manet le suit en ce point. Il s'abstient, en particulier, de croisements pour exprimer les chairs. Quand il lui arrive, pour un fond ou pour une partie secondaire, de croiser des traits, il le fait tout au moins, d'une façon cursive, irrégulière, préférant une allure impatiente au travail qu'une main routinière accomplit exactement en l'absence de la pensée.

Goya, surtout quand il traduit Velasquez, s'exprime volontiers par petits traits parallèles, grêles et pressés. De là quelque chose d'un peu égal, de gris et de sec. Manet a souvent repris cette méthode, mais il en use avec plus de liberté.

Pour esquisser le mouvement, Goya supprime très souvent le contour. Aucun trait ne cerne la forme; les traits parallèles qui la modèlent s'arrêtent brusquement, perpendiculaires ou obliques à une ligne qui n'a pas été écrite; de même, très souvent, Manet : la partie supérieure de la tête de *l'Enfant à l'épée* (M. N. 52), la tête du *Buveur d'eau*, (M. N. 32), la jambe gauche de *Rouvière* (M. N. 38), les pieds du *Philosophe* (M. N. 35), pour ne citer que quelques exemples, procèdent de ce système qui apparaît généralisé dans *la Queue à la boucherie* (M. N. 45).

Ces ressemblances graphiques, d'autres encore : les traits discontinus, les zigzags, — qu'un technicien pourrait certainement multiplier, — sont, au reste, peu de chose au prix de la ressemblance générale, de l'air de famille qui ne peut provenir que d'une longue méditation et d'une assimilation spirituelle autorisée par la parenté des génies.

Mais il s'en faut que Manet n'ait rien vu en dehors de Goya. La perspicacité de Tschudi nous a appris qu'il était assez familier avec Marc Antoine pour emprunter à un groupe du Jugement de Pâris, d'après Raphaël, la composition du *Déjeuner sur l'herbe*. *Le Déjeuner* est daté de 1863. Quand il le peignit, Manet venait de publier son cahier. Est-il absurde d'imaginer qu'il avait été précisément amené par sa fièvre aquafortiste à feuilleter les gravures anciennes? La gestation du *Déjeuner* se trouverait ainsi étroitement liée à ses préoccupations de graveur. Marc Antoine ne fut, pas sans doute, le seul objet de sa curiosité : escomptons les hasards qui feront surgir des rapprochements nouveaux.

C'est, en tous cas, par lui-même que nous savons sa prédilection pour Canal. « Dans quelques-unes de ses eaux-fortes, dit Duret[1], particulièrement dans le *Philosophe* (M. N. 35) il a introduit des traits en zigzag rappelant la manière de Canal qu'il trouvait souple et charmante ». J'avoue que, sans cette indication, l'idée ne me serait pas venue d'évoquer, à propos de Manet, le délicieux maître Vénitien. Quel rapport entre l'auteur de l'*Olympia* et ce narrateur à la fantaisie légère, aux notations délicates et menues? Manet a dû aimer sa simplicité lumineuse, la sûreté du plein air, la hardiesse contenue sous un calme apparent, les petits personnages qui animent les paysages suggérés par un griffonnage rapide. Et Manet a dû regarder de très près; il a vu, non seulement les zigzags dont parle Duret, mais la rareté des traits croisés, les ciels modelés par des lignes discontinues, horizontales, parallèles et pressées et par des traits ondulés comme vermiculés, la suppression, quand elle aide à l'effet, du contour, les montagnes, à l'horizon, indiquées par un jeu subtil et simple de traits parallèles obliques qui se contrarient sans se croiser. De tout cela il a fait son profit.

(1) *Manet* 1919, p. 164.

D'autres modes d'expression lui sont, sans doute, venus spontanément. Sans prétendre les noter tous, je relève certains modelés par traits extrêmement légers, parallèles à la forme et dont il obtient un effet de souplesse; sensation d'étoffes légères dans *Lola de Valence* (M. N. 3), de soie dans les bas de l'*Espada* (M. N. 7), sensation de chair sur la cuisse d'*Olympia* (M. N. 17). J'ai dit qu'il supprimait parfois le contour; il lui arrive, au contraire, de le doubler; hésitation, repentir? non pas; procédé qui donne à l'œil, par une méthode inverse, la même illusion que la suppression du contour, l'impression mobile, d'une créature animée, la palpitation de la vie.

Enfin, et ceci tout à fait exceptionnel, je vois, dans la *Toilette* (M. N. 9), des traits vigoureux et espacés qui balafrent toute une partie de la planche pour la remettre à son plan, pratique hardie que Rembrandt a peut-être suggérée et qui sera, près de nous, systématisée par Zorn.

Ainsi, Manet, qui domine toujours son métier, m'apparaît comme un technicien très varié, rusé à ses heures, enrichi de l'expérience des maîtres qu'il subordonne à ses fins, capable de nouveauté; en somme un subtil ouvrier. Mais peut-être me suis-je abusé et n'a-t-il droit à aucun de ces éloges. On lui a contesté la paternité de ses eaux-fortes; sous sa signature, elles affirmeraient en réalité la maîtrise de Bracquemond, pour les plus anciennes, pour les plus récentes, de Guérard.

Que Bracquemond lui ait prêté son assistance, cela ne fait aucun doute. Nous savons qu'il fit pour Manet « les essais des deux planches gravées succes-

ENFANT PORTANT UN PLATEAU

sivement par le peintre pour *Olympia*[1]. » C'est lui qui
a semé le grain d'aquatinte du *Torero mort* (M. N. 13)
et qui l'a fait mordre. De cette intervention, d'ailleurs, la lettre de Burty que j'ai citée, tout à l'heure[2],
suffirait à porter témoignage. Je veux qu'elle ait été
fréquente et que Manet ait eu souvent recours à la
prodigieuse science technique de son ami. Qu'en pouvons-nous conclure, sinon que Bracquemond a aidé
à la réalisation de ce que Manet avait conçu? Dans
l'œuvre si varié de Bracquemond peut-on montrer
une seule page dont le métier, dont l'allure se rappro-
chent d'une eau-forte de Manet? Au risque de blas-
phémer, je dirai que Bracquemond, malgré toute sa
science, n'aurait pas eu l'idée de certaines expressions que Manet a osées. Au reste, Bracquemond
était extrêment respectueux de la pensée des autres;
il l'a assez prouvé comme traducteur, et Manet, de
son côté, n'était pas homme à se laisser imposer des
formules et à signer ce qu'il n'avait pas exécuté.

Je crois pouvoir en fournir une preuve. Une autre
influence a agi un moment sur Manet, influence sur
laquelle on a peu insisté, celle de Legros dont Baudelaire unissait précisément l'éloge au sien dans son
article *Peintres et aquafortistes*[3]. Lorsque Manet
voulut graver *l'Enfant à l'épée*, il fit, assisté par Legros,
un premier essai (M. N. 53); visiblement Legros dut
y mettre la main, car on y voit un jeu de traits recti-
lignes, fortement mordus, très espacés, affirmations
vigoureuses, un peu raides, éléments essentiels, à cette

(1) Moreau-Nélaton *Op. cit.* L'auteur ajoute que Bracquemond affirmait n'avoir
collaboré qu'en tant qu'imprimeur.

(2) p. 30.

(3) *L'art romantique* IV.

époque, du langage de Legros aquafortiste. Manet n'accepta pas cette intrusion. Un nouvel essai (M. N. 54) fit disparaître la plupart de ces travaux, dont il ne reste rien dans la planche définitive (M. N. 52) toute écrite en nuances.

Guérard, mari d'Eva Gonzalès, était beaucoup plus jeune que Manet. Il ne commença guère à graver que vers 1874. Très lié avec Manet, il fut alors son imprimeur favori, nous dit M. Moreau-Nélaton, qui lui refuse, avec raison, un rôle plus étendu [1]. Guérard, doué d'une bien moindre envergure que Bracquemond, n'était pas de taille à avoir une influence profonde sur Manet. Tout au plus pouvait-il l'entraîner à abuser de l'aquatinte dont il faisait, pour sa part, un usage immodéré. Il est d'ailleurs arrivé à Guérard de graver d'après des peintures de Manet et de reprendre un sujet que Manet avait gravé lui-même. C'est ainsi qu'il a publié, en 1884, dans la *Gazette des Beaux-Arts* [2], une planche d'après le *Buveur d'eau*. L'image est, certes, intelligente, et très vigoureuse, mais elle reste bien loin de la page où Manet a mis sa griffe. (M. N. 32).

En dehors de toute idée de collaboration ou d'emprunt, les eaux-fortes de Manet datent; par une loi inéluctable qui s'impose aux plus révolutionnaires, elles sont imprégnées de l'atmosphère de l'époque où elles furent conçues.

Je l'ai déjà noté à propos de l'aquatinte. J'aurais dû parler aussi de l'usage, pour ainsi dire rituel, de « la teinte plus ou moins apparente, maintenue sur la

---

(1) D'après Béraldi, c'est Guérard qui aurait fait mordre la planche de *Jeanne*.
(2) 1er mars 1885, en face de la p. 214.

planche gravée à l'eau-forte[1] » soit par un essuyage
imparfait de l'encre, soit par l'usage de la fleur de
soufre pour laquelle Lalanne et Martial, qui la
recommandent tous deux, donnent chacun une
recette[2].

La teinte enlevait le champ de l'estampe sur le
blanc cru de la marge. C'est une intention à laquelle
nous avons cessé d'être sensibles.

Le format même et les papiers que Manet a adoptés,
il les a reçus, sans discussion, de ses contemporains,
ou plus exactement de Cadart. Papier vergé, épais,
relativement rude; format demi-folio qui, aujourd'hui,
nous paraît démesuré. La planche y est perdue dans
une marge toujours trop grande, quelquefois énorme,
puisque les dimensions ne varient pas, même si
l'estampe est minuscule, à moins qu'on ne commette
l'hérésie de grouper deux eaux-fortes sur la même
feuille, comme on l'a fait pour *le Gamin* et *la Petite
Fille* réunis sur la dernière page du cahier de 1862.

C'est en 1886, seulement, que Whistler devait lancer
son manifeste célèbre contre les formats excessifs et
les marges[3]. Hamerton, opposant aux usages français
l'habitude reçue en Angleterre des formats restreints
et des papiers minces, remarquait que ces conditions
matérielles opposées entraînaient les artistes anglais
à la mièvrerie et poussaient les français à la grandi-
loquence creuse et à « l'impudence »[4]. L'observation

---

(1) Maxime Lalanne *Traité de la gravure à l'eau-forte* p. 85.
(2) Lalanne *Op. cit.* p. 74. Martial *Nouveau Traité...* p. 56. Par contre,
Lalanne déconseille, sauf aux praticiens très habiles, l'emploi, trop délicat, du
papier de verre. *Ibid.*
(3) Duret, *Whistler* p. 91.
(4) *Op. cit.* p. 173.

est piquante et non sans justesse; elle ne saurait, il va sans dire, viser Manet.

Ce fut aussi l'époque où la belle épreuve chantée, avec un lyrisme si délicat par Burty[1], sortait des mains de Delâtre après un savant cuisinage. Delâtre venait d'opérer, dans l'impression des eaux-fortes, une véritable révolution. La méthode traditionnelle consistait, pour l'eau-forte, comme pour le burin, après avoir encré le cuivre, à l'essuyer soigneusement de façon à ne conserver, de l'encre, que ce qui était entré dans les morsures ou dans les tailles. Le papier ne recevait, de la presse, que les indications exactes, voulues par le graveur ou l'aquafortiste. Delâtre, qui se réclamait de Rembrandt, rompit avec cette « manière uniforme ». Il a expliqué lui-même, par la plume de Lalanne[2], ses principes et sa méthode, et ce sont des lignes assez savoureuses pour que je ne résiste pas au plaisir d'en citer quelques parties. L'impression nouvelle « soumise à des nécessités d'harmonie et au caractère de l'exécution est variable dans ses effets et devient un art dans certains cas où l'artiste et l'imprimeur se trouvent solidaires l'un de l'autre, l'ouvrier pour saisir la pensée de l'artiste et l'artiste pour accepter l'expérience pratique de l'ouvrier ». La méthode ordinaire livre une épreuve un peu sèche. Pour lui donner plus de suavité, on peut, « après avoir *essuyé la planche à la main, la retrousser*, c'est-à-dire l'effleurer légèrement, avec un morceau de *mousseline douce* roulé en chiffon; la mousseline entraîne dans ce cas le noir hors des tailles et le répand sur les bords;

(1) *L'eau-forte en 1874.*
(2) *Op. cit.* p. 85 sqq.

à l'épreuve un ton vigoureux remplit l'espace entre les traits ». Au retroussage, Delâtre associe d'autres pratiques, « l'épreuve gagnera en fraîcheur quand nous aurons adouci le travail en passant d'une manière un peu plus forte, *après l'action de la main*, la mousseline *roide* sur la planche; par suite de cette pression, la mousseline roide, au lieu de reporter ailleurs le noir qu'elle enlève des sillons, le retient dans ses légères rugosités; un ton d'estompe se manifeste sur le cuivre et enveloppe les tailles sans les obstruer; l'épreuve est souple et veloutée[1] ».

Retroussage avec la mousseline douce, essuyage avec la mousseline raide connurent alors une vogue incontestée[2]. Sans doute, et Hamerton le remarquait avec raison, la méthode simple est supérieure et un grand artiste doit pouvoir obtenir, par des travaux, tous les effets que donnent les tours de mains de l'imprimeur. Sans doute aussi ces pratiques devaient dégénérer rapidement en routine, conférer aux planches, quel que fût l'auteur, un aspect uniforme, comme nous l'avons vu, naguère, pour les gravures en couleur à la poupée. Mais c'était alors une nouveauté. Le

---

(1) Un peu plus tard, Delâtre publiait lui-même un traité : *Eau-forte, pointe sèche et vernis mou par Auguste Delâtre. Préface de Chesneau, Lettre de Félicien Rops*, et voilà comment, p. 32, il exposait sa méthode : « Usage de la mousseline raide, demi-raide et mousseline douce.

« Voilà donc notre planche bien encrée, nous prenons alors la mousseline raide, et en ne la tenant pas trop serrée de la main droite, nous essuyons la planche d'une façon suffisante et selon le désir de l'artiste. Ceci fait l'on prend la mousseline douce et l'on estompe la partie que l'on désire avoir plus noire et l'on finit ainsi à harmoniser ses épreuves et à les mettre à l'effet désiré ».

(2) « La gravure, écrivait Duranty, (*La nouvelle peinture*, 1876, p. 30), se tourmente de procédés, elle aussi... la voilà qui varie chaque planche à l'eau-forte, l'éclaircit, l'enmystérise, la peint littéralement par un ingénieux maniement de l'encre au moment de l'impression ».

vicomte Lepic imaginait, par des essuyages variés, de tirer des effets divers d'un seul cuivre[1], et Delâtre était un virtuose qui demandait d'ailleurs aux artistes leurs directions et les engageait à venir présider au tirage de leurs épreuves.

Les premières eaux-fortes de Manet furent imprimées par Delâtre. Prit-il soin d'en surveiller le tirage ou se reposa-t-il sur Bracquemond? Il est certain qu'elles sont fort belles. Leur supériorité éclate quand on les compare aux tirages qui en furent faits plus tard par d'autres ouvriers[2]. On en peut déduire que Manet aurait conduit autrement son travail s'il n'avait pas escompté la collaboration de Delâtre.

Soit dit en passant, je connais peu d'estampes aussi exigeantes que celles de Manet. Les reproductions en simili dont on est obligé de se contenter dans les ouvrages de vulgarisation ou dans les catalogues de ventes, n'en laissent pour ainsi dire, rien subsister.

Parmi les eaux-fortes de Manet, il en est une trentaine dont nous ne connaissons qu'un seul état. Il nous est impossible au reste, d'affirmer qu'il n'y ait pas eu d'épreuves d'essai et qu'il se soit satisfait du premier coup. On a retrouvé des états de cinq planches : *le Buveur d'absinthe* (M. N. 8), *la Toilette*, (M. N. 9), *Rouvière* (M. N. 18), *Berthe Morizot* (M. N. 41) et *l'Enfant au plateau* (M. N. 66) dont M. Moreau-Nélaton n'avait décrit qu'un état unique. De nouvelles décou-

(1) *Comment je devins graveur à l'eau-forte*, imprimé à la suite de *La Gravure à l'eau-forte, essai historique* par Raoul de Saint-Arroman, Paris, 1876.
(2) Par exemple *Les Gitanos* du tirage ancien (M. N. 53) et du tirage récent (M. N. 54). Dans ce dernier, la planche, manifestement, n'est pas usée, mais elle a perdu son éclat et les belles lumières sont mortes.

MANET AQUAFORTISTE 51

vertes sont toujours possibles [1]. Il est arrivé, aussi, plusieurs fois, à Manet, d'abandonner un premier cuivre pour chercher à sa pensée une expression plus adéquate [2], et il a fait mordre jusqu'à quatre planches pour *l'Enfant à l'épée* (M. N. 52-55). Pour d'autres estampes et ce sont les plus importantes, il existe plusieurs états. Le catalogue de M. Moreau-Nélaton, notre guide, en note jusqu'à six pour *Philippe IV* (M. N. 6) et sept pour le *Baudelaire de face* (M. N. 16). Mais il faut y prendre garde, M. Moreau-Nélaton réunit, sous le même vocable, les états véritables qui marquent les étapes de la réalisation d'une eau-forte, et les tirages successifs, ordinairement avec modification de la lettre, tirages dont la connaissance est fort importante pour les collectionneurs, mais dans lesquels

(1) Les estampes suivantes, dont quelques-unes rarissimes (je les signale par une astérisque), ne sont connues que par un état : *Le Baïlarin Camprubi* (M. N. 31). — *Baudelaire de face* (M. N. 58). — *Baudelaire de profil* (M. N. 40). — *Les Chats* (M. N. 43). — *Edgar Poë* (M. N. 46). — **L'Enfant à l'épée, à gauche* (M.N. 53). — **L'Enfant à l'épée, à gauche* (M. N. 54). — **L'Enfant à l'épée, à droite* (M. N. 55). — *Eva Gonzalès* (M. N. 44). — *Eva Gonzalès* (M. N. 72). — *Eva Gonzalès* (M. N. 72 bis). — *Le Fleuve* (M. N. 20 à 30). — Variantes du *Fleuve* (M. N. 73 à 75). — **Le Frontispice* inédit (M. N. 48). — Le deuxième **Frontispice* inédit (M. N. 49). — *Le Fumeur, à gauche* (M. N. 34). — *L'Infante Marguerite* (M. N. 14). — **Le Lapin* (M. N. 64). — **Manet père* (M. N. 50). — *Marine* (M. N. 39). — **Le Montreur d'ours* (M. N. 65). — **L'Odalisque* (M. N. 20). — **Les petits gitanos* (M. N. 61). — *Le Philosophe* (M. N. 35). — *La queue à la Boucherie* (M. N. 45). — *Le rêve du Marin* (M. N. 67). — *Le rêve du Marin* (M. N. 42).

Le Fumeur (M. N. 33) et *Silentium* n'ont, également qu'un état, mais, dans les tirages Dumont et Strölin, le cuivre a été coupé; de plus, pour *Silentium*, il existe un tirage intermédiaire sur la planche rouillée.

Des eaux-fortes suivantes qui n'ont qu'un état, on connaît des tirages avant lettre et avec lettre : *Bracquemond* (M. N. 60). — *Le chat et les fleurs* (M. N. 19). — *Jeanne* (M. N. 47). Il y a eu tirage sans signature, avec monogramme et avec lettre du *Baudelaire de profil* (M. N. 15). — *Chapeau et guitare* (M. N. 1) a été tiré, d'abord, avec une liste, puis avec un titre et, enfin, toute lettre effacée.

(2) Ainsi : *au Prado* (M. N. 62-63). — *Le rêve du marin* (M. N. 42-67). — *Eva Gonzalès* (M. N. 44, 72, 72 bis). — Trois illustrations du *Fleuve* (M. N. 23, 30, 73, 74, 75).

l'activité de l'artiste n'est pas intervenue. Si l'on
rétablit cette distinction à nos yeux nécessaire, il y
a eu, du *Philippe IV*, quatre états (M. N. 6. *1, 2, 3, 6*) dont
le troisième a eu trois tirages successifs (M. N. 6, *3, 4, 5*),
trois états et quatre tirages postérieurs du *Baudelaire*.
De même, il n'y a qu'un état, mais trois tirages du
Baudelaire de profil (M. N. 15).

En certains cas, le progrès d'un état à l'autre est fort
simple ou, si l'on veut, normal. Le premier état est à
l'eau-forte pure ou additionnée d'une léger grain d'aquatinte; l'artiste s'est occupé du personnage ou du groupe;
les fonds ont été peu ou même point indiqués. Les
états suivants présentent des travaux complémentaires
et les fonds sont poussés. Voici, par exemple, *le Christ
aux Anges* (M. N. 59). Le premier état a donné des
indications grises. Le second présente de nombreux
travaux rajoutés surtout sur les robes des anges et sur
le corps du Christ qui se détache toujours en clair sur
le fond. Enfin dans un troisième et dernier état, le sol est
repris et le corps du Christ cesse de se détacher, en
son entier, en valeur claire.

Par contre, et c'est là évidemment le cas intéressant,
la succession des états peut correspondre à des modifications du parti pris initial. Il n'y a plus alors, simple
mise au point mais scrupules et retours. Ainsi, pour
l'Enfant à l'épée (M. N. 52). L'enfant a les yeux clairs
au premier état et noirs dans le second. Le fond, très
léger, d'abord, offre des travaux au troisième état et
s'assombrit dans le quatrième où la tête s'enlève en
clair, les yeux redevenus gris. L'aspect du *Liseur*,
(M. N. 57) s'est très modifié du premier état au second.
Les ombres sur la figure, sur les cheveux blancs, ont

L'ENFANT A L'ÉPÉE

été effacées. La tête se détache en pleine lumière. La main et la chemise, visible par le veston entr'ouvert, ont été également éclaircies et répondent, avec la page du livre, à la figure, tandis que le reste de la planche a été plongé dans l'ombre. Les deux cuivres, *Au Prado*, se sont, tous deux, singulièrement transformés, du premier état au second. La première planche (M. N. 62) présente, d'abord, un effet égal, nuancé et grisâtre, puis, par une véritable métamorphose, nous ne voyons plus qu'une grande tache noire et gris sombre dont émergent, blafards, des visages, un sombrero, des petits chiens, un coin du sol. Dans le premier état de la seconde page (M. N. 63), la mantille de la femme au premier plan est blanche, une luminosité égale règne. Dans le second, la mantille est noire, le ciel est éclairci et de fortes oppositions sont marquées [1].

Manet aquafortiste a-t-il évolué? Du point de vue technique je ne le pense pas; les différents aspects qu'offrent certaines planches dérivent des modifications de la pensée de l'artiste et j'aurai l'occasion, en étudiant cette pensée, d'y revenir.

Si l'on étudie, dans les eaux-fortes de Manet, le sujet ou l'inspiration, une division en trois catégories se présente naturellement : copies d'après les maîtres, interprétations d'œuvres de l'artiste lui-même, expressions directes d'une pensée originale.

Les copies sont peu nombreuses; quatre, en y

(1) Il n'y a pas d'opposition d'effet entre les deux états de *Fleur exotique* (M. N. 18), qui s'apparente à ces deux planches par la pensée et l'exécution. Pourtant des différences sensibles : la chemise de dentelles, blanche dans le premier état, et noire dans le second, où a été dessiné le nez simplement suggéré d'abord selon les méthodes chères à Madame Marie Laurencin.

faisant rentrer *Silentium*. Une seule, à vrai dire, a le caractère d'une transcription véritable c'est le *Philippe IV* (M. N. 6). Manet a travaillé beaucoup à cette planche. Dans un premier état, il a suivi de près l'exemple de Goya, son précurseur dans l'interprétation de Velasquez. L'effet est papillotant. Dès le second état, l'effet se concentre : le feuillage, le tronc de l'arbre assombris et massés forment un vigoureux repoussoir à la figure du prince et de son chien. La patte gauche du chien, mal venue d'abord, ne se dessine vraiment qu'au troisième état et Manet, dans une dernière reprise (M. N. 6.6), a encore modifié l'aspect du sol. Pour *les petits cavaliers* (M. N. 5) qu'il attribuait, comme tout le monde autour de lui, à Velasquez, le parti pris est différent et vraiment personnel. Il ne s'agit plus d'une traduction scrupuleuse analogue à celle que poursuit un interprète de métier. L'artiste essaye, dans un langage différent, de donner l'impression qui l'a frappé essentiellement dans la peinture, ici la lumière, le plein air, sur lesquels il insiste et qu'il met en évidence en sacrifiant le reste. C'est, si l'on veut, une de ces transpositions d'art chères à Théophile Gautier et, dans une large mesure, une création véritable. Il y a certainement une recherche analogue dans le portrait de l'*Infante Marguerite* (M. N. 14) emprunté encore à Velasquez. Mais ici, Manet a été moins heureux. D'ailleurs l'estampe que Degas sur un thème analogue a consacré à l'*Infante Isabelle* (L. D. 12) me paraît encore plus décevante [1]. J'ai déjà dit un mot de *Silen-*

(1) Selon M. Loys Delteil, tandis que Degas, au Louvre, gravait cette planche directement sur le cuivre, Manet, qu'il ne connaissait pas encore, se serait approché de lui, et, lui tapant sur l'épaule, lui aurait dit : « Vous avez l'audace de graver ainsi sans aucun dessin préalable; je n'oserais pas en faire autant ».

tium où Manet n'a pas voulu, il est évident, rappeler le style de Fra Angelico et dont il a modifié le thème en lui donnant une signification nouvelle.

Manet, en somme, ne s'est astreint qu'une fois à suivre littéralement une pensée étrangère. Il s'est complu, au contraire, à reprendre, par la pointe, ses propres peintures; une vingtaine d'œuvres lui ont ainsi servi de thèmes; il a transcrit le plus souvent, la page intégrale; parfois il en a détaché un épisode pour le traiter uniquement[1]. Ici encore, il y a lieu d'établir des distinctions. Il a pu désirer répandre par la gravure un de ses tableaux et prendre un soin que d'autres confient à un interprète. C'est évidemment le cas pour *l'Olympia* (M. N. 17) publiée en tête de la brochure de Zola : il s'agissait, avant tout, de faire connaître un objet de scandale. Un sentiment semblable a pu présider au choix de *l'Enfant à l'épée*, du *Guitarrero*, qui avaient eu du succès, de *Lola de Valence*, qui avait fait du tapage. Même en des circonstances où le souci d'évoquer l'original devait primer, la transcription est intéressante et libre. Il est malaisé d'instaurer une comparaison pour *le Guitarrero* qui, de la collection Faure, a émigré en Amérique[2]. *L'Enfant à l'épée*, est au musée métropolitain de New-York, mais une réplique de la collection Haentschel en a été exposée à Paris, à la Galerie Knœdler, en mai 1924, et une confrontation directe permettait de reconnaître que Manet avait entièrement redessiné le petit bonhomme :

(1) Ainsi la *Petite Fille* (M. N. 12) prise dans le *Vieux Musicien*; le *Buveur d'eau* (M. N. 32) détaché des *Gitanos*; l'*Enfant au plateau* (M. N. 66) que l'on devine dans le *Balcon* et que l'on voit mieux dans un tableau « fantaisie à la manière de Velasquez » du musée de Lyon.

(2) Collection Osborn à New-York (Th. D. 23).

des détails, ouverture du col, dessin de la main gauche, ont été modifiés; surtout, l'aplomb du personnage n'est plus le même : dans le tableau, la tête est rejetée en arrière et le baudrier est oblique; dans la gravure, le corps porte droit et le baudrier pend perpendiculairement. Variation donc, sur le même thème et non réplique : l'esprit des deux œuvres est d'ailleurs le même, fait de nuances légères, une oasis dans l'œuvre de Manet.

Lola de Valence, on le sait, a été modifiée, à une époque indéterminée, par l'artiste qui a substitué au fond neutre primitif, des portants de décors qui laissent entrevoir un coin de scène et de salle de spectacle. La gravure nous conserve l'aspect de la composition ancienne, moins pittoresque, plus concentrée, plus ample. Mais ce n'est pas par ce changement qu'elle diffère le plus du tableau que nous admirons, au Louvre, dans la collection Camondo. Du premier coup d'œil, on s'aperçoit que la silhouette générale n'est pas la même. Lola ne s'avance pas de la même façon. Dans le tableau, elle semble glisser vers nous, la pointe du pied droit en avant; son corps dessine une ligne oblique. Dans la gravure, et la modification est analogue à celle que nous venons de noter pour *l'Enfant à l'épée*, le corps est d'aplomb, selon un axe perpendiculaire. Lola, de plus, s'est retournée légèrement vers nous. Le coude gauche est moins effacé; le geste du bras gauche n'est pas exactement le même; la main droite est d'un dessin plus carré, le bras droit n'a pas le même galbe, l'éventail est plus ouvert. Le changement le plus considérable est dans la berthe qui a pris beaucoup plus d'ampleur, tandis que la jupe

LOLA DE VALENCE

a été légèrement rétrécie. Cela et la mantillle qui apparaît davantage au-dessus des cheveux, et l'écharpe plus bouffante, donne à la silhouette une carrure nouvelle. Ajoutez que la figure est d'un caractère beaucoup moins accentué, elle a perdu son sourire pour affecter une expression de gravité, presque de tristesse.

L'estampe, dans le tirage de Cadart, est de toute beauté. Après un premier état léger, pittoresque, papillotant, où Manet a fait chanter les ramages de la jupe, l'effet change; au second état, la jupe forme masse sombre, l'ombre, sur le sol, est devenue vigoureuse, le fond, couvert de travaux, s'est obscurci et l'aquatinte lui donne, au troisième état, sa valeur définitive. La page est désormais ample et grave; l'harmonie en est subtile et profonde.

Une analyse serrée permettrait également de reconnaître une série de différences entre *l'Olympia* peinte et *l'Olympia* gravée (M. N. 17)[1]. L'estampe est tenue dans une tonalité presque grise : on dirait que la pointe très fine a eu peur d'égratigner le vernis. Tout y est exprimé avec réticence, *mezza voce*, timidité apparente bien suprenante chez Manet. L'exiguité du format auquel il n'était pas habitué, en est-elle la cause? Je suis porté à y voir plutôt un effort voulu et systématique. *Olympia* est une symphonie de valeurs claires se nuançant les unes sur les autres par des rapports très ténus avec lesquels viennent trancher les notes violentes de la négresse et du chat noir. Manet s'est ingénié à donner, sur le papier, l'équivalent ou la suggestion de ces harmonies. De là la façon très prudente dont il

---

(1) L'attitude de la négresse; le torse d'Olympia légèrement redressé....

a conduit sa planche. Il l'a reprise jusqu'à quatre fois, modelant le bouquet, à peine indiqué dans le premier état, amenant progressivement le fond par des travaux, deuxième état, puis par l'aquatinte, au point nécessaire, rétablissant, dans le quatrième état, un détail oublié (le pouce de la main droite), s'attachant, plus que dans la toile même, à laisser bien visibles la négresse et le chat. Il existe une épreuve du premier état, retouchée, à l'encre de chine et gouachée par lui. M. Moreau-Nélaton l'a fait reproduire sur la couverture du catalogue.

Puis Manet a pris sa revanche de la contrainte qu'il s'était imposée et, sur un autre cuivre, il a tracé une nouvelle *Olympia* (M. N. 37), celle-là véhémente et brutale. Elle offre avec la première, et aussi avec la peinture, un saisissant contraste. Un premier état, à l'eau-forte pure, (ancienne col. Degas), n'était pas sans rapport avec la première estampe. Dans le second état, le fond, analysé tout d'abord, devient une tache noire indistincte. Le chat s'y confond et l'on n'en aperçoit plus que les pattes. Sur le corps d'Olympia, surtout sur les jambes, quelques indications de modelé sommaire. Les linges se différencient par contrastes durs. L'écharpe jetée sur le lit devient, à droite, presque noire. Aux passages insensibles se sont substitués de violents accords, plaqués sans ménagement. Cette violence a été atténué par un tirage à deux tons, l'un noir, l'autre bistre, dans quelques épreuves dont l'une est conservée à la Bibliothèque d'Art et d'Archéologie.

Une étude comparée du *Christ aux Anges* (M. N. 59) dans ses trois états, de l'aquarelle de la collection de Madame Emile Zola entrée récemment au Louvre et

du tableau montrerait, également, Manet conduit, par
les sollicitations de techniques différentes, à modifier
le jeu des lumières et des ombres. Le corps du Christ,
le linge, l'ange à droite forment une symphonie claire,
dans la toile, et se perdent en partie dans la pénombre,
dans le troisième état de la gravure.

Le Christ aux Anges, l'*Olympia* (M. N. 17), *Lola
de Valence*, l'*Enfant à l'épée,* ont le caractère d'œuvres
poussées, achevées et complètes. Il en est de même
pour l'*Espada* (M. N. 7), le *Torero mort* (M. N. 13),
le *Garçon et le chien* (M. N. 10), la *Bulle de savon*
(M. N. 36), le *Liseur* (M. N. 57), le *Gamin* (M. N. 11),
ou le *Lapin.*

L'Espada garde le souvenir du tableau refusé au
Salon de 1863 : *Mademoiselle V. M.* (Victorine Meurend)
en costume d'Espada[1]. C'est une pièce conduite d'une
main légère, d'une pointe très fine par indications
menues. Le souvenir de Goya y est particulièrement
présent. La petite scène de tauromachie entrevue
derrière la protagoniste est notée de la façon la plus
spirituelle[2].

Au Salon de 1864, Manet avait exposé un *combat de
taureaux.* La perspective en fut très vivement critiquée.
Manet découpa son tableau et n'en conserva que le
torero mort qui figurait au premier plan. *L'Homme mort*
est entré dans la collection de **M.** Widener à Philadelphie.
L'estampe, qui le rappelle, donnerait une impression

---

(1) Collection de Mme H. O. Havemeyer à New-York (Th. D. 37).

(2) Le premier état a été très légèrement mordu. Dans le second, l'effet est
accentué. Le sol, au premier plan, forme un repoussoir sombre. De plus la planche
est encadrée d'un large trait noir. Ce cadre se retrouve dans le deuxième état du
Garçon et du chien (M. N. 10) dans le quatrième de l'*Enfant à l'épée* (M. N. 52),
dans le *Ballarin* (M. N. 31).

plus forte si l'artiste, nous l'avons déjà remarqué, n'avait pas fait jouer un rôle prépondérant à l'aquatinte. Il existe trois états. Dans les deux premiers, les fonds sont indiqués exclusivement à l'aquatinte; dans le premier, le sol et le fond ont, à peu près, la même valeur; ils se différencient dans le second, et Manet, au terme définitif, par des travaux à la pointe, a achevé d'opposer l'ombre de la partie supérieure au triangle de lumière qui accompagne le cadavre. Les préventions que provoque un procédé trop facile ne doivent pas nous empêcher de goûter les beautés de cette page. Manet, d'ailleurs, n'a usé de l'aquatinte que pour entourer son personnage. Le torero même est modelé par un très beau travail : noirs profonds, indication vive des chairs, des soies et des satins.

Le Garçon et le chien est presqu'un morceau de bravoure. Très chargé de travaux, pointe et aquatinte, il témoigne une recherche visible de l'effet, la volonté, en particulier, de donner la sensation laineuse de la grosse fourrure de l'animal[1].

La Bulle de savon est, aussi, un morceau très poussé, mené d'une main sûre, d'un effet, au second état, accentué.

Le Liseur, au contraire, est d'une facture très sobre propre à produire l'impression de recueillement, de silence et aussi de tristesse que Manet avait conférée à cette œuvre.

Dans *le Gamin* se laisse entrevoir un désir de plein air dont nous retrouverons d'autres exemples plus caractérisés[2].

J'ai dit, au début de ce chapitre, le caractère classique,

(1) Voir la note de la page 55.
(2) Deux états, le second, seul, signé.

enveloppé, mesuré et souple du *lapin*[1] dont il n'existe qu'un état et rarissime.

Avec *le Buveur d'absinthe* (M. N. 8) nous touchons au groupe de gravures où Manet a pris son tableau comme point de départ et non, absolument, comme modèle. Le *Buveur d'absinthe* est inspiré par la toile refusée au Salon de 1859 et conservée au musée Ny Carlsberg à Copenhague (Th. D. 12) mais il a subi plus d'un changement important. L'homme a perdu son verre; on ne voit plus sa chaussette pâle. Le sol n'est plus une tache toute claire; le mur, le banc de pierre ont changé de valeurs. La composition lumineuse a été entièrement remaniée. Par ailleurs, la tête a été redessinée: le buveur n'a plus de barbe, on le devine mal rasé. Il avait, dans le tableau, un air doux et, somme toute, sympathique; c'était un bohème, un intellectuel dévoyé. Il a, à présent, une mine patibulaire comme certains héros de Gavarni ou d'Henri Monnier. Tel il apparaît dès un premier état, non décrit par M. Moreau-Nélaton et qui ne diffère que par l'absence de quelques travaux, de l'état catalogué. Un troisième état, également inédit, enveloppe toute la planche, par le jeu de l'aquatinte, dans une teinte sombre, chaude, romantique, quelque peu excessive.

Les pièces qui vont, à présent, nous retenir évoquent les tableaux par des méthodes plus rapides et plus primesautières.

Ces jours-là, Manet n'est plus préoccupé par le désir de donner le témoignage et comme la sensation même de l'œuvre peinte. Il lui suffit d'en rappeler

---

(1) Le tableau, qui figura à l'exposition de 1866, a appartenu à la collection Doucet (Th. D. 90).

l'esprit, l'aspect essentiel. Ainsi ces croquis dessinés par les artistes mêmes et que, de son temps, journaux, revues et catalogues illustrés, publiaient au moment des Salons, mode que le progrès des arts graphiques a fait disparaître. Ou plutôt la toile n'est plus qu'un prétexte; c'est la conception que l'artiste reprend, dans une autre technique, par conséquent dans un autre langage, qui a sa saveur et ses effets propres. Dès lors, il ne procède plus de la même façon; il renonce au métier léger, aux indications menues et multipliées; il ne se soucie plus de tout dire. D'une pointe rapide, alerte, passionnée, il attaque vigoureusement la planche par indications véhémentes, décisives. Il se garde de la couvrir, subordonne l'aquatinte, fait chanter le papier. C'est bien une eau-forte qu'il nous livre, improvisation non pas, mais pensée, on dirait, jaillie d'un jet et qu'aucune contrainte n'a refroidie.

Le Guitarrero avait donné à Manet, au Salon de 1861, l'augure trompeur d'une carrière brillante et facile. D'un bon tableau, il a fait une magnifique eau-forte. Le premier état enlevé à l'eau-forte pure, a une verve dont trois reprises, avec adjonction d'aquatinte, ont modifié mais non pas altéré l'éclat. Il donne la joie un peu acide d'une chose venue d'emblée, avec d'heureux hasards, de beaux noirs, quelque chose de sommaire et de riche; la lumière y règne partout. Un état intermédiaire, que M. Moreau-Nélaton ne connaissait pas mais dont il avait deviné l'existence, porte, en haut et à droite, une mention précieuse pour nous, la signature avec la date, 1861, mentions qui ont été effacées (M. N. 4. *2*); la signature, seule, a été ensuite rétablie (M. N. 4. *3*). Puis, (M. N. 4. *4*) des travaux ont assombri le fond.

LE GUITARISTE

Dans l'estampe définitive, la lumière est ménagée. Le sombrero, le manche de la guitare, la veste surtout ont de doux noirs veloutés. Le mouchoir, qui enveloppe la tête, a été modelé et la grosse bouteille, qui jouait trop tout d'abord, n'est plus qu'une tache savoureuse. J'avouerai que, tout compte fait, je préfère encore la première pensée.

Le Fumeur, qui figura à l'exposition de l'avenue Montaigne, en 1867, est devenu facilement une vigoureuse et franche eau-forte (M. N. 33-34). Ce brave homme, dont on devine le caractère fruste et droit, se prêtait à merveille à l'image expressive que Manet a enlevée, on dirait, à l'emporte pièce.

Les Gitanos avaient été exposés aussi à l'avenue Montaigne. La toile a été détruite par Manet lui-même, geste infiniment déplorable. L'eau-forte, qui figura dans le premier fascicule des Aquafortistes, nous serait donc précieuse, à défaut d'autre mérite, par le témoignage qu'elle nous apporte. Mais il n'est pas besoin de la recommander par ce titre, et Manet, n'eût-il produit que cette page, devrait encore, à notre avis, être compté parmi les maîtres graveurs.

Ce personnage campé devant nous dans une attitude impudente ou niaise, l'air hébété ou madré, portant beau dans ses haillons; la femme tout occupée à allaiter son enfant, le visage grave, non sans élégance malgré ses pieds nus, un grand peigne dans ses cheveux arrangés avec soin, donnant une impression de noblesse involontaire, et le gamin qui boit à la régalade pour étancher une soif évidente, ce groupe pittoresque et simple, ces héros picaresques, la pointe ne pouvait les traduire d'une façon plus savoureuse ni plus adéquate. Page colorée, brusque, heurtée, qu'un bout de paysage esquissé à la diable achève de caractériser et de situer *tra los montes* [1].

Une vingtaine d'années plus tard, Manet grave *Jeanne*, et le contraste entre les *Gitanos* et *Jeanne* souligne toute la souplesse de son génie. Ce n'est pas que la planche ait été conduite d'une main moins rapide; bien au contraire, les indications de la verdure, de la robe même de la jeune femme sont plus elliptiques que jamais et trahissent une véritable impatience. Mais l'image est pimpante, élégante, toute de séduction délicate. Nous en reprendrons l'étude avec plaisir quand nous suivrons l'évolution de Manet vers le plein air.

L'Enfant portant un plateau (M. N. 66), d'abord préservé par une épreuve unique, nous est connu aujourd'hui, en outre, par un premier état à l'eau-forte pure, sans indication du sol ni de fond, estampe précise et sobre, à l'allure espagnole.

Le Gamin (M. N. 11), *la Petite Fille* (M. N. 12) et le *Buveur d'eau* (M. N. 32) ont une spontanéité qui exclut toute contrainte de copie. Libres silhouettes, l'artiste y a inscrit son goût de notation directe et brève, son désir de frapper fort par des traits sommaires et justes. Il en a fait aussi, et nous y reviendrons, les confidents de ses recherches esthétiques.

J'arrive aux eaux-fortes pleinement originales, c'est-à-dire à celles qui n'empruntent rien à l'œuvre peint. Entre cette catégorie et les précédentes la ligne de démarcation est malaisée. Pouvons-nous assurer que, de telle

---

(1) Ce paysage, au premier état, laissait un peu vide l'extrémité gauche de la planche; Manet, au second état, a ajouté, un petit bouquet d'arbres qui fait une tache utile.

pièce, il n'y ait pas eu une peinture, disparue depuis ou détruite? *L'Odalisque* (M. N. 20) s'apparente à *la Sultane* peinte de l'ancienne collection Roger Marx. *Odalisque, Sultane, la « Jeune femme en costume oriental »* comme la désignait prudemment Duret, est debout dans le tableau, couchée dans la gravure, mais Manet a bien pu la peindre aussi dans cette dernière attitude. *La Toilette* (M. N. 9), *la Convalescente* (M. N. 21) n'ont-elles jamais été autre chose que des eaux-fortes? S'il en est vraiment ainsi, il en faut conclure que Manet a confié à l'eau-forte deux de ses plus parfaites inspirations.

Par leur allure, je ne vois aucune différence sensible entre les estampes originales et celles que je viens d'analyser. On n'y retrouve pas des pages serrées et achevées comme celles dont *Lola de Valence* peut être donnée en exemple. Les deux *frontispices* (M. N. 48-49) ne sont pourtant pas très éloignés de ce type. Parmi les pièces originales on en rencontre deux : *Fleur exotique* et *le Rêve du marin* (M. N. 42) où Manet s'est exprimé presque uniquement par l'aquatinte. Elles n'ont pas leur équivalent dans les estampes de traduction. Mais, sauf ces cas dont on n'exagérera pas l'importance, les estampes d'inspiration directe ne présentent pas de particularité technique propre. Et il ne pouvait guère en être autrement puisque Manet, quand il s'interprétait lui-même, avait déjà usé d'une pleine liberté.

La date de *l'Odalisque* n'est pas déterminée. Si, comme je le pense, elle s'apparente vraiment à la *Sultane*, de la collection Roger Marx, elle a dû être gravée vers 1875-77. A cette date l'influence et la collaboration, comme imprimeur, d'Henri Guérard sont vraisemblables et je mettrais volontiers au compte de ce dernier l'abus d'aquatinte et le ton roussâtre de la gravure. Il s'en faut d'ailleurs qu'elle soit indifférente du point de vue technique; la main gauche, en particulier, très élégante, suggérée par des traits de force, mérite d'être étudiée et aussi la façon dont est indiquée la croupe. L'odalisque est engourdie dans une sorte de torpeur; elle exprime cet ennui, ce spleen baudelairien qui apparaît si souvent sur le visage des personnages de Manet.

La Convalescente qui, en compagnie de l'*Odalisque*, illustre le livre de Bazire, est aussi empreinte de mélancolie, mais, ici, plus subtile, plus complexe. La maladie, l'âge, une certaine lassitude morale, s'y associent avec une expression de douceur. L'exécution est fort belle. Le fauteuil couvert de travaux pour produire un noir lumineux, le coin droit plus couvert encore, le fond zébré de larges traits forts sur de petits traits parallèles discontinus [1], la figure modelée en très clair, sans aucun croisement, la main uniquement dessinée, tout est d'un métier décisif qui, dans le passé, pourrait se réclamer de Rembrandt, et, près de nous, me suggère un rapprochement avec Albert Besnard en une double parenté : d'inspiration et de facture.

Mes préférences vont à *la Toilette* (M.N.9), page large, mystérieuse et puissante. Elle est mélancolique, aussi, cette Bethsabée moderne qui, enveloppée encore en partie par sa chemise, paraît menacée de quelque danger inconnu. Son corps éclate comme une grande note claire et s'enlève en vigueur sur une pénombre où l'on devine, à ses pieds, un grand bassin de cuivre, dans le fond, à gauche, un lit, et où l'on distingue mal une

---

[1] Dans le premier état, le fond n'offrait que ces traits à peu près parallèles qui ne couvrent que la partie gauche.

LA TOILETTE

servante. Un premier état non décrit, avant de très nombreux travaux, était plus lisible, avec un éclat magnifique, plus séduisant peut-être, à notre goût que le parti auquel l'artiste s'est arrêté. *La Toilette* a figuré dans le Cahier de 1862. Elle est donc antérieure à *l'Olympia*, exposée en 1865, mais peinte dès 1863. Manet, elle nous en donne le témoignage, avait, avant d'arriver à la formule de *l'Olympia*, été séduit par le poème d'un corps nu accompagné de linge blanc et chantant, par contraste, au milieu des taches noires. La nymphe surprise, peinte en 1861 [1], est encore une variante, peut-être légèrement antérieure de la même idée plastique. *La Toilette*, je l'ai déjà observé, est écrite avec une hardiesse et, j'ajoute, avec un bonheur d'expression admirables. Manet n'avait pas trente ans quand il a gravé *la Toilette, les Gitanos, Lola de Valence*. Que ne pouvait-on espérer de lui et que n'eût-il pas donné si le succès lui avait souri!

La Marchande de cierges (M. N. 56) date de la même période. De moindre envergure, elle offre un effet très nuancé de clair-obscur, une mise en page curieuse, l'observation aiguë d'un menu aspect de la vie. Un premier état inédit, avant plusieurs travaux (sans les silhouettes de personnages sur le tableau du fond) présente au regard toute une analyse savoureuse que Manet a ensuite volontairement amortie.

Par la suite, *une marine* (M. N. 39) véhémente, rapide, gravée vraisemblablement vers 1866, date du *Combat du Keersage et de l'Alabama* ou vers 1868-69, date des séjours à Boulogne. Enfin, pendant le siège, *la Queue à la boucherie* (M. N. 45) sur laquelle je me réserve de revenir.

(1) Reproduite dans le *Manet* de la collection *L'Art de notre temps*. pl. IX.

Le chat d'Olympia avait, pour sa part, largement contribué au scandale que le tableau déchaîna. Manet n'en garda pas rancune à ses amis « orgueil de la maison », et il le témoigna, quand il grava, en 1870, pour *les Chats* de Champfleury, *le chat et les fleurs* (M. N. 19). La page a un aspect très particulier. Elle semble, par la façon dont elle est conçue, par l'importance donnée aux fleurs, et même par une sorte d'allure générale, refléter la méditation devant des estampes japonaises. Manet n'a pu, par l'eau-forte, en noir, imiter la technique du bois japonais polychrôme, mais la répartition des taches, le modelé très faible, l'apparence d'à plat, trahissent une influence dont nous aurons à analyser plusieurs autres témoignages [1].

Le livre de Champfleury avait, en frontispice, un dessin d'un anglais, Mind, surnommé, nous assure-t-on, le Raphaël des chats, et qui représentait un chat, une patte levée, occupé à sa toilette. Manet a certainement feuilleté le livre et vu cette image; il a pu s'en souvenir, d'une façon plus ou moins consciente, quand il a tracé, dans la même attitude, une des bêtes croquées dans *les Chats* (M. N. 43); il n'avait, au reste, pas besoin d'une réminiscence pour noter cette silhouette typique. Ici, encore, la mise en page, la concision, la qualité de l'observation, tout dégage un parfum japonais.

Le Fleuve de Cros est un poème d'allure épique, grandiloquent, sonore et sans puissance, capable de faire illusion quand on le déclame avec emphase, assez analogue en son genre, à l'*Epopée* de Fragerolles que l'on

____

(1) Dans le catalogue d'une vente d'estampes à l'Hôtel Drouot, les 13 et 14 mai 1925, Godefroy expert, je relève sous le n° 228 « *Le chat et les fleurs*, épreuve d'un état non décrit entre le premier et le second. Avec le titre de Manet mais avant celui de Champfleury. »

récitait au Chat Noir. Le thème en est simple; un chapitre de géographie physique, *l'Histoire d'un Ruisseau*
d'Elysée Reclus, mise en vers. Un tel sujet, au reste, se
prêtait à l'illustration, et par sa généralité et la variété
des tableaux suggérés, il laissait toute liberté à l'artiste.

LE PONT

Les sept eaux-fortes, accompagnées d'un fleuron, dont
Manet a enrichi le livre, le rendent précieux pour le
collectionneur. Elles s'interposent dans le texte même
et elles en expriment très intelligemment l'esprit. Avec
trop de fidélité peut-être, car des images indéterminées
de la montagne, de la vallée, de la rivière en plaine, du
pont, de la mer, ne peuvent avoir la saveur d'un paysage
particulier. L'exécution est curieuse; j'en ajourne l'examen jusqu'au chapitre où j'étudierai, d'ensemble, l'évolution de Manet vers le plein air.

Epris de caractère et d'individualité, Manet répugnait,

on le sait, à employer des modèles professionnels. L'on pourrait, sans exagération, avancer qu'il n'a jamais peint que des portraits. Portraits, *Lola de Valence, Camprubi,* portrait aussi *Olympia* pour laquelle a posé Victorine Meurend dont on retrouve les traits dans l'*Espada.* *L'Enfant à l'épée* c'est Léon Léenhoff, le beau-frère de Manet; *le Garçon au chien,* c'est le malheureux gamin dont Baudelaire a raconté la fin tragique[1]; *le Buveur d'absinthe* est le bohème Colardet; *le Fumeur* est un ouvrier nommé Janvier que Manet employait pour porter ses toiles aux Salons, et, au besoin, pour les défendre contre des attaques imbéciles; *le Liseur* (M. N. 57) est un vieil artiste pauvre nommé Gall que Manet aidait discrètement; *le Philosophe* est Eugène Manet, le propre frère de l'artiste; *Jeanne,* c'est Mlle Demarcy. Il faut tout de même, reconnaître que lorsqu'il en usait ainsi, Manet ne visait pas à la ressemblance et l'on ne saurait y voir des portraits véritables.

Voici, au contraire, une petite galerie de portraits authentiques, importante par la qualité des modèles, importante aussi par l'originalité de la transcription. Aucun d'eux ne résulte d'une commande[2]; ce sont, avec le père de Manet, des artistes et des poètes, ses amis, Baudelaire, Bracquemond, Eva Gonzalès, Berthe Morizot.

Manet a fait deux fois le portrait de son père, et il a daté ces deux essais, chose tout à fait insolite dans ses gravures et très rare dans ses tableaux mêmes. Le pre-

---

(1) *Petits poèmes en prose* xxx, *La corde. A Edouard Manet.*

(2) Sauf, sans doute, le portrait d'*Edgar Poë,* (M. N. 46) présenté dans un médaillon surmonté d'un nœud. Ce portrait fut, probablement, destiné à une édition des *Contes* traduits par Baudelaire. Ce n'est pas une des meilleures œuvres de Manet.

mier (M. N. 50) est de 1860, l'autre (M. N. 51) de 1861. Il travaillait, à ce moment, au portrait de son père et de sa mère qui fut exposé au Salon de 1861 (Th. D. 22). Dans les eaux-fortes et dans le tableau, l'attitude et l'expres-

PORTRAIT DE BRACQUEMOND

sion sont les mêmes. La première planche, où l'on devine quelque inexpérience, est, tout de même, d'un effet franc et vigoureux. La seconde, dessinée en s'aidant de la première, en est la contre partie. Le premier état, à l'eau-forte pure, fait jouer la lumière dans la barbe. Le second état, par adjonction d'aquatinte, donne quelque chose de brutal et a, sans doute, dépassé l'effet désiré.

Le portrait de *Bracquemond* (M.N.60), que M. Moreau-Nélaton a publié en tête de son catalogue offre une curiosité technique. Manet l'a gravé d'après un procédé dont son modèle était l'inventeur : « Bracquemond, expose Lalanne[1], a appliqué des renseignements vagues qui lui ont été fournis, à la recherche d'un procédé de gravure qui offre des ressources : après avoir bien nettoyé une planche... on y fait un dessin à la plume avec de l'encre ordinaire... Le dessin terminé et bien sec... on vernit et on enfume la planche sans tenir compte du dessin... Puis on met la planche dans l'eau. Au bout d'un quart d'heure, on la frotte légèrement avec de la flanelle ; l'encre ramollie entraine avec elle le vernis qui la recouvre et laisse apparaître un dessin très net que l'on fait mordre. » On peut imaginer que Manet s'est contenté de tracer le dessin et que Bracquemond a fait les manipulations. Le portrait, indiqué d'une façon sommaire et franche, est selon les termes mêmes de Lalanne, d'un dessin très net. On le dirait tracé avec une grosse pointe ou une pointe mousse. Manet n'a pas renouvelé cet essai.

Le Balcon et *Le Repos* nous ont rendu chers les grands yeux graves et la beauté prenante de l'artiste exquise que fut Berthe Morizot. Manet a témoigné, nous le verrons bientôt, par deux lithographies, l'attirance qu'exerçait sur lui cette attachante figure, toute imprégnée, comme l'écrivait Théodore de Banville, d'un « caractère intense de modernité ». Mais si c'est Berthe Morizot qui a été le prétexte de cette tragique image (M.N. 41) Manet s'en est inspiré, semble-t-il, librement. La planche est émouvante, elle donne l'impression de la

[1] *Traité de la gravure*, p. 80.

vie surprise, mais je n'y retrouve rien de cette distinction qui rayonne dans *Le Repos* et *Le Balcon* [1].

Manet avait introduit Baudelaire parmi les personnages d'élite qu'il a groupés dans la *Musique aux Tuileries*. Ce n'était qu'une notation fugitive. Il voulut rendre un hommage plus complet au poète qu'il aimait et aussi au critique unique qui avait compris son art et avait su le défendre et l'encourager. Deux portraits, l'un de trois quarts, l'autre de profil, repris chacun sur deux cuivres successifs, attestent le souci qu'il eut d'exprimer, d'une façon aussi pleine que possible, la physionomie complexe à laquelle il s'attaquait. Une première planche du *Baudelaire de face* (M. N. 58) fut abandonnée peut-être à cause d'accidents de morsure jugés irréparables. Je le regrette car, à mon sentiment, elle est plus vigoureuse, plus pénétrante que la seconde. L'œil droit et le sourcil ont un accent qui ne s'est pas ensuite retrouvé. La seconde planche (M. N. 16) n'en est pas moins fort belle. L'effet, arrêté dès le second état (le premier n'offrait pas de fond), a été très calculé ; une banderole qui portait le nom du poète, ajoutée au troisième état, a été effacée ensuite et le cuivre coupé (M. N. 16. 5). Ce portrait a été publié, en 1866, au lendemain de la mort de Baudelaire, en face de la page 99 de l'ouvrage d'Asselineau, avec la mention : peint et gravé par Manet 1865. D'autres effigies l'accompagnent [2], intéressantes, compréhensives, certes ; elles s'inclinent, tout de même, devant la maîtrise de Manet.

[1] Je tiens de M. Loys Delteil qu'il y a eu, de cette planche ainsi que du portrait de Rouvière, *l'acteur tragique* (M. N. 38), des premiers états non décrits, mais je n'ai pas eu l'heur de pouvoir les examiner.

[2] Les portraits par De Roy, par Courbet, gravés tous deux par Bracquemond, et un croquis du poète lui-même que Bracquemond a également gravé.

Le *Baudelaire de profil*, a, au premier abord, quelque chose de décevant. Des linéaments hésitants et sommaires, fantaisie d'un instant, qui méritent à peine un regard amusé. On aurait tort de demeurer sur cette impression.

BAUDELAIRE DE PROFIL

Manet attachait à ce griffonnage quelque importance puisqu'il s'y est repris à deux fois (M. N. 40 et 15)[1]. Examinons-le, sans nous laisser distraire par la forme monstrueuse et démodée du chapeau. Ces indications réticentes ne nous feront pas accroire que la main de l'artiste aurait, ce jour-là, tremblé. Leur imprécision est voulue; elle traduit, ou elle vise à traduire, la mobilité d'une figure surprise en plein mouvement. C'est du dessin futuriste, qui veut, par une image, suggérer la sensation du temps. Il y a, encore, une autre et subtile intention : la fonction de ces traits réticents, est aussi de nous faire deviner le modelé invisible et présent. Exprimer par un minimum de mots le maximum de choses, parler un langage elliptique, télégraphique, c'est une intention digne d'une époque trépidante. Manet reste d'ailleurs, en cette tentative, dans la tradition des grands maîtres dynamiques, de Rembrandt, de Rubens, de Delacroix, de Daumier aussi et de Degas. Pour peu

(1) Dans l'essai (M. N. 40), le ruban du chapeau est différencié par des traits légers parallèles et il y a une indication de modelé sur la poitrine.

EVA GONZALÈS

que l'on veuille bien se prêter à ses sollicitations, elle est singulièrement émouvante cette image falote : face usée, cheveux aux vents, les épaules on devine effacées, le spleenétique observateur, glorieux et besogneux, passe devant nous « solitaire et pensif », « seul dans une foule affairée ».

Que Manet ait accordé quelque importance à cette eau-forte, il l'a prouvé en la laissant placer, avec l'autre, en face de la page 79 du livre d'Asselineau et en répétant un effort semblable pour le portrait d'*Eva Gonzalès*.

Le portrait peint d'Eva Gonzalès, exposé au Salon de 1870 [1], avait été exécuté l'année précédente et cela permet de situer l'eau-forte qui en est, vraisemblablement, contemporaine. Eva Gonzalès avait, toute jeune, l'air imposant d'une douairière. Le port majestueux, les traits accentués, un nez fort et busqué, un large front, une magnifique chevelure, le type de Madame Cécile Sorel. De tout cela Manet a extrait la quintessence dans le profil gravé (M. N. 44) qu'il n'a mené à bien qu'après deux essais préliminaires (M. N. 72-72 bis). Point n'est besoin ici de démontrer la valeur d'une silhouette saisissante. Manet dut puiser l'idée de ces raccourcis audacieux dans les albums japonais qu'il aimait à parcourir.

Nous lui connaissons aujourd'hui des émules et les masques dessinés par Rouveyre, Cappiello ou Sem procèdent d'un esprit de synthèse aiguë dont il leur a donné l'exemple [2].

[1] Aujourd'hui à la National Gallery (Th. D. 123).

[2] Je m'excuse de passer sous silence *Le rêve du marin* (M. N. 42 et 67), où l'on peut reconnaître une esquisse du portrait de Théodore de Banville, parce qu'il m'apparaît comme une erreur regrettable de l'artiste.

CHAPITRE III

MANET LITHOGRAPHE

III

Deux ventes sensationnelles, celle de la collection
Parguez, en 1861, et celle de la collection La Combe,
en 1863, firent reparaître un instant devant les yeux des
curieux et des artistes, les pages les plus glorieuses
qu'eût produites la lithographie. Parguez, dès avant
1820, s'était adonné à la chasse des belles épreuves
lithographiques, fréquentant les ateliers, guettant
l'imprimeur sur sa presse, allant en Angleterre pour
y chercher des Géricault rares; il avait pécuniaire-
ment contribué à la publication du *Faust* de
Delacroix. Animé d'un esprit vraiment historique,
il avait accumulé, à côté des chefs-d'œuvre, les essais
du début, les pièces curieuses. Il avait eu la faiblesse
d'éliminer Raffet. La Combe, bien qu'il fût l'historien
de Charlet, avait montré plus de largeur d'esprit :
Raffet avait une belle place dans ses cartons. Aucun
des deux collectionneurs ne s'était soucié de Chassériau ni de Bonhommé. Par un préjugé alors quasi
universel, Parguez avait ignoré Daumier et Gavarni
que La Combe avait introduits parcimonieusement.
Malgré ces grosses lacunes, les deux collections
constituaient une histoire véritable de la lithographie
française.

Burty, qui fut chargé successivement d'écrire la

préface des deux catalogues, saisit l'occasion magnifique qui lui était offerte, pour rappeler des faits récents et déjà tombés dans l'oubli. Il reprit depuis les origines, raconta la découverte de Senefelder, l'introduction en France et les premiers essais de Bergeret en 1804, le rôle, à partir de 1816, des imprimeurs Engelmann et de Lasteyrie. Il eut des phrases heureuses pour célébrer l'œuvre de Géricault « œuvre merveilleux qui fait du jeune maître un dessinateur sans rival dans les *Boxeurs nègres*, un poète attendri dans l'*Épisode de la retraite de Russie*, un observateur d'une science profonde dans toutes ses *études de chevaux*, enfin le père de l'école moderne pour la liberté de l'exécution, l'énergie du mouvement, le pathétique de la composition, la grande allure de la forme [1] ». Il caractérisa les spirituels croquis d'Horace Vernet, les compositions patriotiques ou railleuses de Charlet, les suites de Decamps qui « offrent l'intérêt de dessins originaux, par la franchise de l'effet, l'éclat de la couleur, le velouté du crayon ».

Burty n'eut garde d'oublier les trois lithographies qu'Ingres « semble avoir crayonnées pour montrer, dans l'*Odalisque*, quelle poésie il sait dégager de la forme, dans le portrait de *Sir Frederic Sylvester North Douglas*, quel style il sait donner aux portraits. »

Le *Faust* de Delacroix resplendissait à la vente Parguez en épreuves d'essai, les marges couvertes de croquis « des lions qui rugissent ou dorment, des paysages mystérieux, des chevaux qui piaffent, des figures qui sanglotent, toute la légion des rêves

---

(1) Préface du *Catalogue de la vente Parguez*; Paris 1861. p. XI.

colorés qui traversaient le cerveau puissant du maître tandis qu'il relisait Goethe [1] ».

Toute cette floraison était oubliée, et Burty de prédire qu'un jour « on recueillerait avidement tout ce que l'on dédaignait aujourd'hui ... On voudra bien se souvenir alors que Charlet, Géricault, Bonington, Decamps, Raffet, Eugène Delacroix se sont servis de la lithographie, en la pliant chacun à son génie, pour lui faire exprimer les sentiments les plus divers; qu'ils l'ont acceptée à son début avec cette haute intelligence de l'art vivant qu'avait l'école romantique, pour s'en faire un intermédiaire familier et fidèle envers le public; qu'ils ont compris qu'une belle lithographie est un dessin tiré à plusieurs exemplaires [2] ».

La confiance que Burty plaçait dans le jugement de l'avenir ne le consolait pas de la décadence dont il était le témoin. La lithographie n'était pas abandonnée. Elle continuait à faire œuvre de traduction : Mouilleron, Eugène Le Roux, Émile Vernier auxquels Burty rend justice, d'autres encore, Jules Laurens, Sirouy, connaissaient à fond les ressources de la pierre et les appliquaient avec intelligence en reproductions valables. Mais la lithographie des peintres avait été compromise par une production inintelligente ou lâchée, pages égrillardes ou fades, portraits aussi impersonnels et moins sûrs qu'une photographie. Elle était tombée « dans un effroyable discrédit ».

Sans doute, elle continuait à avoir comme champions Gavarni vieillissant et Daumier qui paraissait somnoler, mais bien rares étaient ceux qui, avec

(1) *ibid.* p. XII.
(2) *ibid.* p. XIV.

Baudelaire ou les Goncourt, savaient la valeur de ces maîtres. Sans doute aussi, Hervier avait-il publié, en 1852, un album de douze lithographies : *Paysages, marine, baraque*. Rodolphe Bresdin datait de 1860 son *Bon Samaritain*, mais, malgré le livre de Champfleury, qui se souciait de Chien-Caillou? La lithographie originale apparaissait morte.

Cadart en tenta la résurrection. Au lendemain de la vente Parguez il envoya trois pierres à chacun des artistes suivant : Manet, Ribot, Legros, Bracquemond et Fantin[1]. Ribot traça *la Lecture*, Legros *les Carriers de Montrouge*, Bracquemond *les Cavaliers*. Fantin seul couvrit ses trois pierres et y dessina quatre compositions : *Tannhauser, l'Amour désarmé, l'Education de l'amour*, et *les Brodeuses*; Manet fit *le Ballon*.

Ainsi, pour la lithographie comme pour l'eau-forte, Manet était invité à marcher à l'avant-garde. Mais ici, il ne fut pas le seul à rester en chemin. Les ouvriers de Lemercier, chargés du tirage, furent effrayés de l'aspect insolite de ces travaux si éloignés de la propreté grise, chère à Grévedon et à ses pareils. Cadart eut la faiblesse de les écouter, il renonça à la publication projetée. Les pierres, après quelques épreuves d'essai, furent effacées et la renaissance de la lithographie fut ajournée à plus de dix ans[2].

Manet, cependant, peu de temps après *le Ballon*, fit deux lithographies comme en-tête de romances, l'une pour une sérénade, *Lola de Valence* composée,

(1) Germain Hédiard. *Fantin la Tour* 1892.
(2) C'est seulement en 1873 que Fantin reprit le crayon lithographique. Pour toute cette histoire, je me permets de renvoyer à mon livre sur *la Gravure*, livre III, ch. III, IX, p. 375 sqq.

poésie et musique, par son ami et thuriféraire Zacharie
Astruc, l'autre pour une romance *Plainte moresque*,
que lui avait dédiée le guitariste J. Bosch. Puis il
oublia la pierre.

Un incident fortuit l'y ramena. Quand il voulut
exposer, en 1867, à son exposition particulière de
l'avenue Montaigne, son tableau de *l'exécution de Maximilien*, la police, pour des raisons faciles à concevoir, lui
interdit de le faire. Manet résolut alors de faire
connaître par d'autres moyens son œuvre au public
et il en fit une lithographie. La lithographie fut
interdite, à son tour. Manet en conçut un grand
dépit et s'irrita contre l'imprimeur qui se croyait
compromis par cette désagréable histoire. « Mon
affaire Maximilien se complique, écrivait Manet à
Burty, le 18 février 1869. L'imprimeur refuse maintenant de rendre la pierre et me demande l'autorisation
de l'effacer. Je refuse, bien entendu, aussi bien que de
faire aucune démarche, comme il me le conseille, pour
faire lever l'interdiction, et je lui ai envoyé hier
sommation par huissier [1] ». La pierre resta inédite et
elle ne devait être tirée qu'après la mort de l'artiste.

En 1868, pour lancer le livre de Champfleury auquel
il avait collaboré par l'eau-forte que nous avons citée,
il fit la célèbre affiche *Le Rendez-vous des chats*.

La Commune lui inspira deux lithographies : *la
Barricade* et *Guerre civile*, cette dernière datée de 1871.
En 1874, il fit *le Gamin*, et, la même année, il donnait
la lithographie en couleurs *Polichinelle*.

A ces œuvres datées ajoutons quelques pièces
d'époque indéterminée : deux portraits de Berthe

[1] Cité par Moreau-Nélaton, dans le *Catalogue*.

Morizot, *les Courses*. Nous atteignons un total de douze pages. Peu de chose, mais ces pages ont leur beauté; elles contribuent, et nous reviendrons sur ce point par la suite, à la connaissance de la pensée de Manet; et elles méritent de nous arrêter par leur caractère technique [1].

Les deux titres de romance offrent peu de nouveauté. Manet visiblement a fait effort pour ne pas effaroucher le public; il s'est plié aux lois du genre et a cherché à être séduisant. On notera le soin avec lequel la lettre s'unit à l'image, soin que Manet n'avait confié à personne, comme l'atteste une épreuve de la *Plainte moresque* de la collection Degas, où le croquis de la lettre est de sa main.

Lola de Valence (M. N. 77), vue à mi-corps, est tournée à gauche parce que Manet en la dessinant ne s'est pas soucié de l'inversion produite par le tirage; elle n'est la réplique exacte ni du tableau, ni de l'eau-forte. La silhouette se rapproche de l'eau-forte : geste du bras plié, ampleur de la berthe, pose de l'éventail. Le corps est tout à fait d'aplomb. La figure s'apparente au tableau pour le caractère, mais avec un air de gravité. L'effet a une allure indépendante : la lumière frappe en plein sur l'épaule gauche [2]. Il y a moins de nuances, quelque chose de plus franc. Aux traits pressés de l'eau-forte se sont substitués, sur la mantille et sur la berthe, de légers frottis. De beaux noirs jouent dans les cheveux et surtout sur la jupe bariolée.

(1) Il n'existe, pour aucune de ces lithos, d'épreuves d'états successifs; de la plupart, il y a des épreuves sans lettre et avec lettre, sauf pour *le Ballon* (M. N. 76) et *les Courses* (M. N. 85) dont on ne possède que des épreuves sans lettre, et pour *Lola de Valence* (M. N. 77) dont il n'est pas d'avant lettre.

(2) Droite, ne l'oublions pas, du tableau et de l'eau-forte.

PRIX 5ᶠ   PRIX 5ᶠ

POÉSIE ET MUSIQUE
DE

ZACHARIE ASTRUC

Propriété de l'Auteur et pour tous Pays

Dans le couplet brillant qu'il consacra au *Guitar-rero* [1], Gautier avait noté qu'il ne venait pas de l'Opéra Comique et « qu'il ferait mauvaise figure sur une lithographie de romance ». Il avait assurément raison, et lorsque Manet a dessiné la lithographie de romance, il a pris un tout autre ton. Rien de plus amusant que de comparer le débraillé de l'eau-forte avec la tenue du héros de la lithographie. Cet artiste qui va détailler la *Plainte moresque* (M. N. 78) n'est pas un bellâtre pommadé, mais il est soigné dans son costume, capable de faire bonne figure dans un salon ; il a l'air tout à fait « distingué ». La tête au reste, qui est celle du musicien Bosch, a du caractère, énergique et intelligente. Le dessin est très serré, libre avec mesure, en particulier, dans l'indication des mains, sans aucune fièvre.

Jolies pièces, en résumé, mais non pas typiques. Je ne crois pas non plus nécessaire de m'arrêter beaucoup au *Gamin* (M. N. 96). C'est le héros de l'eau-forte qui porte le même titre (M. N. 11) et l'eau-forte a une fermeté à laquelle la lithographie ne substitue pas d'autres vertus éminentes. Trop grande, un peu diluée, imprimée, d'ailleurs, sur une teinte de fond d'un vieux rose violâtre assez désagréable, elle offre quelques beaux noirs. Dans la tête très faite, on aperçoit des retouches très légères à la pointe et au grattoir, comme nous en aurions pu noter sur la berthe de Lola de Valence.

J'arrive aux pièces vraiment importantes. Les deux portraits de Berthe Morizot reprennent un joli portrait peint [2] où la jeune artiste, secouant *the blue devils*,

<hr>

(1) Voir plus loin. Chap. IV.
(2) Reproduit dans Proust. *Manet*. pl. 13, p. 56.

sourit très légèrement, toute épanouie de jeunesse et de grâce. Les deux effigies témoignent, à des degrés divers, de ce souci de brièveté synthétique que nous avons vu poussé à l'extrême limite dans le *Baudelaire de profil* et *Eva Gonzalès*. La première pierre (M. N. 83) conserve le modelé pour la robe et le chapeau, ce dernier analysé avec une savoureuse finesse. La figure est réduite à quelques linéaments. C'est avec plus de souplesse, un parti analogue à celui que Vallotton ou Hermann Paul ont adopté dans leurs portraits gravés sur bois. Avec une écriture si sommaire, on s'étonnera que Manet ait réalisé une image aimable, délicate, je dirais, si ce terme ici ne devait paraître paradoxal, enveloppée.

La seconde page (M. N. 84) s'apparente de plus près encore à l'esprit des eaux-fortes : l'élimination est poussée plus loin ; le chapeau, le vêtement ne sont plus que des contours : un minimum de traits les dessinent ainsi que le visage. Ces traits, d'ailleurs, sont nuancés avec une science subtile qui les met dans l'espace. Mais l'artiste n'a pas cru devoir pousser son système avec rigueur. Les rubans du chapeau légèrement ombrés suggèrent la fraîcheur de la carnation et l'éclat d'une chevelure de blonde [1].

L'Exécution de Maximilien (M. N. 79), *Guerre civile* (M. N. 81) et *la Barricade* (M. N. 82) reprennent, en leur restituant toute leur vitalité, les grands errements de la lithographie. C'est bien ainsi que Géricault, que Delacroix l'ont comprise : dessin librement exécuté

---

[1] Berthe Morizot était brune et avait les cheveux noirs. Les deux lithographies ainsi que la toile à laquelle elles s'apparentent sont l'image d'une femme blonde. Si, comme on paraît d'accord à le reconnaître, c'est bien Berthe Morizot qui a servi de modèle, il faut convenir que Manet en a usé librement avec elle.

BERTHE MORIZOT

sur la pierre avec la spontanéité qu'autorise et que
seconde un crayon très tendre, plaisir, aussi, de faire
jouer les beaux noirs gras non par une virtuosité vaine,
mais parce qu'ils secondent l'effet désiré. Pourtant la
rupture de la tradition se laisse sentir. Elle est sensible
dans les ombres, obtenues par des frottis, saccadées
et comme essoufflées, dans l'usage immodéré du grattoir,
commode, certes, mais sec et mesquin.

L'Exécution de Maximilien est plus poussée, et cela
se conçoit facilement puisqu'il s'agissait de reproduire
et de faire connaître le tableau interdit. Elle est aussi
plus calme. Est-ce pour avoir épuisé dans les études,
les reprises préliminaires et dans le tableau même, la
passion qu'il y avait d'abord apportée? Ou parce que,
travaillant sur un thème arrêté, il était sûr, par avance,
de l'effet qu'il voulait produire? Bien plutôt par parti
pris, par cette même affectation d'impassibilité qui
avait présidé à la conception de l'œuvre et qui, en
réaction contre la fougue romantique, exigeait, dans
la litho comme pour la toile, une froideur calculée
capable, par contraste, de faire jaillir un dramatique
intense. La page est ample, plus concentrée que le
tableau. La partie supérieure de la composition, au-
dessus des personnages, a été très assombrie. Le mur,
le cimetière et la foule que l'on devine, forment un
repoussoir noirâtre. L'action en apparaît plus sinistre.

Par contraste, la *Barricade* et *Guerre civile* sont
enlevées avec une émouvante rapidité. La *Barricade*
est une notation directe. C'est, avec des victimes
obscures, la reprise du thème de l'*Exécution*, et, pas
plus que dans l'*Exécution*, il n'y a arrangement, élaboration artificielle. La facture évoque la brièveté

du drame; c'est un instantané. Il ne saurait être ni complet, ni correct. Manet ne magnifie pas, il ne se lamente pas, il ne cherche pas davantage à tirer de la réalité un prétexte à harmonies : il nous livre simplement un fait et le traduit dans le style qui lui convient.

Guerre civile, est, aussi, un témoignage « vécu ». « La scène, atteste Duret[1], n'a point été composée. Manet l'avait réellement vue, à l'angle de la rue de l'Arcade et du boulevard Malesherbes. Il en avait pris le croquis sur place ». Pourtant ici, l'artiste ne nous met plus en face d'un épisode surpris par hasard, parmi ceux qui, au cours d'une répression sans merci, ont pu se présenter à tout coin de rue. Comme le cadavre dépouillé, jeté par Delacroix aux pieds de la *Liberté aux barricades*, comme l'homme en chemise assassiné devant son lit, *rue Transnonain*, ce corps raidi de soldat ou d'insurgé, car Manet n'a eu garde de préciser, ce corps résume les horreurs de la guerre civile. Si Manet n'a pas composé la scène, c'est qu'elle s'est d'elle-même présentée complète devant lui. Elle aurait pu se prêter à d'autres interprétations. La colonnade de la Madeleine, que l'on entrevoit, aurait pris facilement une place importante. La sérénité des pierres et la protestation d'une religion de pitié se seraient opposées à la barbarie des hommes. Manet ne l'a pas voulu; il a tout subordonné à ce cadavre qui, sous l'éclat impassible d'un beau jour, semble encore attendre de nouvelles luttes. Ce corps roidi l'a plastiquement arrêté comme l'avait fait naguère le *Torero mort*, car, je ne sais si on l'a déjà remarqué, il y a en

(1) *Manet*, 1919. p. 166.

contre-partie, presque identité de silhouette entre les deux personnages.

La facture est admirable, nerveuse, véhémente, digne de Daumier; elle confère à l'image un caractère de grandeur qui en souligne l'idée. La répartition des lumières, l'opposition des taches, le dosage des gris et des noirs, donnent l'impression d'espace. N'était l'abus déjà signalé du grattoir la page n'appellerait que les éloges. De beaux détails : l'indication des souliers et du pantalon à rayures d'un personnage tombé à droite hors du champ de l'image; tout le corps du mort, depuis sa figure fortement contrastée jusqu'à ses souliers qui brillent sous le soleil.

A ces trois images d'un esprit indépendant, mais tout imprégnées de la tradition des maîtres libres, s'ajoutent enfin deux autres lithographies qui portent, en germe, l'avenir. C'est le *Ballon*, et les *Courses*.

Le Ballon, pour être la plus ancienne des lithographies de Manet, n'en est pas moins une des plus neuves. A cette date, 1862, l'artiste peignait ou venait de peindre *la Musique aux Tuileries*[1] et il y a, entre le parti pris des deux œuvres, une similitude presque frappante. Toutes deux essayent d'exprimer une foule, unité vivante formée d'éléments individuellement intéressants, ici, dans la *Musique aux Tuileries*, femmes élégantes, hommes distingués et notoires, là, dans le *Ballon*, gens de toutes conditions, bourgeois endimanchés, ouvriers en blouse, marchand de coco, cul-de-jatte; mais, dans les deux pages, les individus sont liés par une attraction dominante, le concert dans le premier cas, la fête foraine avec toutes ses séductions,

(1) Aujourd'hui à la National Gallery (Th. D. 16).

mât de cocagne, une parade, théâtres forains, ballon captif dans le second, attraction qui détermine une atmosphère spéciale et crée la vie unanime. C'est cette solidarité inconsciente dans une foule qui ne bouge pas, aux Tuileries, ou qui ne bouge guère, à la foire, que Manet a rendue sensible par les moyens de son art. L'opposition d'effet entre les deux œuvres répond à leur signification : assoupissement calme et recueillement sous les grands arbres du jardin où s'est rassemblée, une société polie ; grouillement, tapage, plein air sur cette place où des gens simples viennent s'amuser, comme des enfants, sous les longues bannières qui flottent au vent.

Le Ballon est tout le contraire d'une improvisation. Il est riche, trop riche, peut-être, en détails savoureux et en indications très calculées. La composition est très sûre et, peut-être, elle aussi, trop savamment équilibrée, avec la grande tache noire au milieu et la répartition symétrique des masses claires et sombres. Deux tendances s'y contredisent : un besoin d'analyse et une volonté de résumer. C'est la dernière qui est intéressante et c'est elle qui l'emporte décidément dans les *Courses*.

Les Courses (M. N. 85) sont la reprise du tableau de la collection Durand-Ruel et doivent être, par conséquent, datées de la période de 1874 à 1877. Entre cette page et la précédente deux différences qui s'additionnent. D'abord, au lieu de nous trouver devant une assemblée de flâneurs sur laquelle peut traîner le regard, nous sommes en présence d'une foule trépidante, passionnée par la lutte entre des jockeys qui s'efforcent d'obtenir, de leurs chevaux, la plus grande vitesse possible. Rendre un tel spectacle c'est surprendre un instant

LES COURSES

extraordinairement bref de la durée. Au service de cette
tentative, Manet met, — et c'est la seconde divergence,
— une expérience et une audace qui se sont singulièrement accrues depuis le *Ballon*. Sans hésitation,
sans concession, il veut suggérer la course vertigineuse,
la foule du public haletant, la curiosité plus blasée
des mondaines et l'espace et le grand air et la journée
radieuse, cependant que, derrière la mer mouvante des
spectateurs, deux cochers, au chapeau haut de forme
ceint d'un énorme galon doré, demeurent seuls
impassibles, sur leur siège, uniquement occupés de
garder la correction impeccable et le grand style de
leur livrée. La page est sommaire, décevante, voulue
plus que réalisée. On la devine plus qu'on ne la
déchiffre. Elle affronte un problème singulièrement
ardu, peut-être insoluble; on serait embarrassé pour
lui opposer une plus complète réussite.

Le problème du mouvement s'était présenté à Manet
quelques années auparavant et il l'avait résolu d'une
façon toute différente quand il dessina, pour le livre de
Champfleury dont nous avons déjà amplement parlé,
la fameuse affiche *Le Rendez-vous des chats* (M. N. 80).
Apposée sur tous les murs de Paris, la page fit l'ébahis-
sement et la joie des badauds. *La Chronique illustrée*
reproduisit, dans son numéro du 25 Octobre 1868, ce
« célèbre dessin de Manet » accompagné d'un commentaire où, après s'être déclaré incapable de décider si
l'artiste était un grand peintre ou un simple excentrique,
le rédacteur anonyme ajoutait : « Il n'appartient pas
au premier venu d'être contesté avec une pareille
énergie [1] ». Une réduction de l'affiche était insérée dans

(1) Cité par Moreau-Nélaton dans son *Catalogue*.

le livre de Champfleury et elle nous porte un témoignage incomplet et précieux car, de ce placard qui obséda les Parisiens, on ne connaît plus qu'un exemplaire conservé au Cabinet des Estampes [1].

Le Rendez-vous des chats avait été conçu par Manet avec un sentiment aigu des exigences de l'affiche. Réduit à des silhouettes très simples, il devait attirer et retenir le regard, mais une fois de plus, sous cette simplification cavalière que le public prenait pour du sans-gêne, se cachait une savante élaboration [2]. MM. Laran et Lebas l'ont commenté avec une rare finesse et je ne crois pas pouvoir mieux faire que de reproduire leur glose : « Ce n'est pas seulement, écrivent-ils [3] à cause de sa rareté qu'il faut rappeler cette pièce. Puisqu'elle a fait scandale, elle peut nous apprendre encore quelque chose sur l'artiste et sur le public. L'effet de blanc et noir souligné avec une déci-sion un peu provocante, la mise en page désinvolte, tout cela n'était qu'à moitié neuf, et si on cherchait à Manet des parrains, le nom d'Hokusaï placé auprès du sien sur la couverture du volume de Champfleury se présenterait de lui-même. Mais il y avait en outre un système de dessin plus que hardi. Ce que Manet a évidemment tenté, c'est exprimer, par des licences voulues de formes, la mobilité de ses modèles; il a voulu nous donner l'illu-sion de voir les cous s'allonger, les reins se creuser et

(1) Au témoignage d'Ernest Maindron, *Les affiches illustrées.* Gazette des Beaux-Arts, 1884, II, p. 566, *Le Rendez-vous des chats*, était dès 1884, « introuvable ».

(2) Un profil de tigre sur une plaque de bronze, art chinois archaïque, de la collection David Weill, reproduit dans *l'Amour de l'Art*, 1er janvier 1925, p. 27, présente avec les chats de Manet une surprenante analogie.

(3) *Manet.* o *L'art de notre temps*

s'arquer, les queues se dresser et s'enrouler ner-
veusement ».

S'il avait été imprimé en noir, *Polichinelle* (M. N. 87),
ne serait qu'une fantaisie alerte d'un dessin nerveux
exécutée en une heure de verve. Lithographié en couleurs,
il mérite de nous arrêter. Manet, au Salon de 1874, avait
exposé, en même temps que le *Chemin de fer* qui fut
très discuté, une aquarelle, *Polichinelle*, qui fut reçue
avec faveur. Il en fit une variante peinte qu'une dame
amateur, Mme Martinet, acheta immédiatement[1]. *Polichinelle*, c'était, spirituellement accentué, le portrait
d'un des amis de Manet, le peintre Edmond André.
Polichinelle, je ne sais pour quelle raison, était alors à la
mode : Meissonier lui avait consacré une série de varia-
tions en 1858, 1860 et 1862 et devait encore donner un
Polichinelle à la rose en 1879.

Manet eut l'idée de reprendre le fantoche en une
lithographie en couleurs à plusieurs planches. Comme
à l'ordinaire il n'eut garde de copier littéralement et il
modifia, M. Tabarant l'a fait remarquer, l'allure de son
héros. Dans l'aquarelle, « le bras droit tendu vers le sol,
le bras gauche dressé, la jambe droite en avant, la gauche
faisant virage sur le talon en équerre, *Polichinelle* semble,
bicorne en bataille, décrire un pas de danse ». Sur la

---

(1) Je signale un petit point d'histoire assez trouble : Th. Duret dit que « *Le
Polichinelle* est d'abord apparu en aquarelle puis dans le tableau à l'huile exposé
au Salon de 1874 » *Manet.* 1919, p. 166. Ce serait le tableau 168 de son catalogue,
collection Claude Lafontaine.

M. Tabarant (*Le Bulletin de la vie artistique.* 1er *septembre 1923*, p. 336) parle
de deux petites toiles hors format (32 × 50) dont l'une était passée dans la collection
Faure et dont l'autre, qui appartint à Mme Martinet, aurait figuré au Salon.
M. Moreau-Nélaton donne la même indication.

Or, selon le livret du Salon de 1874, c'est l'aquarelle même et l'aquarelle seule
qui aurait été exposée.

litho, il a les mains au dos et tient un bâton. De la pierre en noir il fut tiré, nous en avons l'attestation de Manet lui-même, une épreuve unique qui a fait partie de la collection Degas [1]. Dirai-je qu'à nos yeux la polychromie y a ajouté peu de chose? Mais ce serait sans doute parler d'après un sentiment actuel.

Nous avons vu, depuis une quarantaine d'années, une floraison de la lithographie en couleurs d'abord, puis de l'image en couleurs sous toutes ses formes [2], qui nous empêche d'apercevoir immédiatement par quoi la tentative de Manet était nouvelle. De son temps, la chromolithographie était arrivée à faire de véritables tours de force dans la reproduction des peintures et des miniatures. Les publications de Curmer et particulièrement les fac-similés du *Livre d'heures* d'Etienne Chevalier, 1866, avaient suscité une admiration justifiée bien que nous puissions y trouver aujourd'hui de la mollesse et de la lourdeur. Mais nul n'avait eu l'idée de faire, au lieu d'une copie laborieuse, une image originale, légère, rapide, et Manet devait attendre plus de dix ans un émule, puisque

(1) M. Tabarant a raconté (loc. cit.) avec agrément une histoire singulière qu'il tenait du neveu de l'imprimeur Lemercier chez qui fut tiré *Polichinelle*. *Polichinelle* aurait été une caricature du maréchal de Mac-Mahon. Un tirage considérable aurait été préparé pour des fins politiques: la police avertie aurait détruit les épreuves, saisi les pierres, après quoi il aurait été fait un nouveau tirage modifié sur des pierres neuves, le noir seul ayant pu être conservé. M. Tabarant ne met pas en doute la bonne foi de M. Randon, le neveu de Lemercier, qui, témoin de ces scènes, les a gardées pour lui pendant cinquante ans. Il fait pourtant d'expresses réserves. Ni Manet, ni aucun de ses amis ou historiens n'ont jamais fait allusion à cette persécution. Elle semble un peu calquée sur l'aventure du *Maximilien*. Enfin il semble bien que le maréchal ne portait pas de favoris : entre lui et *Polichinelle*, je ne sache pas qu'il y ait eu la moindre ressemblance. Notons, en passant, qu'Eugène de Montrosier n'était pas, comme l'écrit M. Tabarant, de la *Revue des Deux Mondes* mais directeur du *Journal des Deux Mondes*.

(2) Rosenthal. *La gravure* III. IV. XI. André Mellerio. La *Lithographie en couleurs* 1898.

les premiers essais de J. Lewis Brown, en cet ordre, datent de 1885. Sans doute aujourd'hui, tout en admirant un repérage parfait, nous pouvons sourire du résultat obtenu par le concours de sept pierres successives, et l'idée se présente de taxer, reproche assez rare, Manet de timidité. Les amis de l'artiste, eux, furent ravis. Manet lui-même était satisfait de son travail; il institua, dit-on, entre les poètes de son entourage une sorte de concours pour fournir à la page une épigraphe [1]. On ajoute qu'il ne fut pas satisfait de leurs élucubrations. Toutes n'étaient pourtant pas sans valeur et Antonin Proust nous a conservé un poème en trois quatrains de Charles Cros assez savoureux dans sa donnée baudelairienne [2]. Manet s'adressa, enfin, à Théodore de Banville qui rima le distique dont s'adorne l'estampe :

> *Féroce et rose, avec du feu dans la prunelle,*
> *Effronté, saoul, divin, c'est lui, Polichinelle.*

---

[1] L'usage de ces commentaires rimés, courant au XVIIIᵉ siècle, avait été fréquemment repris avant Manet et autour de lui. Un quatrain accompagnait la *Souricière* de Charles Jacque: Braquemond ornait de vers le portrait de *Méryon*, le *Haut d'un battant de porte*, *Margot la critique*, le *Corbeau*, les *Taupes*, le *Vieux Coq*...

[2]
> *Il est laid, doublement bossu, canaille, ivrogne.*
> *Il se moque pas mal de l'ordre social.*
> *[illegible]*
> *Et du diable. Pourtant nous l'aimons car il cogne.*
>
> *Bossu du nez, bossu du dos, bossu du torse,*
> *Recevant la police à grands coups de bâton,*
> *Il est très immoral. Pourquoi l'adore-t-on?*
> *C'est qu'au fond l'homme pur préfère au droit la force.*
>
> *Sur qui va-t-il taper, monsieur Polichinelle?*
> *Le goût est étranglé; tous les diables ont fui;*
> *Il a même tué la camarde éternelle...*
> *Mais il reste là-bas ce grand louche, l'ennui.*

(Proust. *Manet*. p. 85)

Polichinelle, nous dit Bazire[1], fut très choyé dans les cercles restreints. « On le trouva charmant, bien compris sans gêne et non sans élégance ». On escompta, pour le peintre, un succès auquel il eût été très sensible, mais, lorsqu'il voulut vendre son œuvre, des négociations entamées avec Eugène Montrosier, rédacteur en chef du *Journal des Deux Mondes* n'aboutirent pas.

Polichinelle n'a pas été oublié. Le 31 décembre 1906, Henri Bataille envoyait, en témoignage de gratitude, à De Féraudy, le créateur de Poliche, une épreuve de la lithographie de Manet, accompagnée d'une épitre en vers : *Etrennes*[2] :

> *Regardez-le, c'est lui, laid, gueulard, rouge, atroce.*

Une étude sur Manet lithographe devait s'arrêter ici, mais Manet a tracé, au pinceau à l'encre autographique, des dessins destinés à la reproduction. Ces autographies sont, en somme, un aspect de la lithographie sur papier de report, exécutées au lavis au lieu d'être tracées au crayon. On ne chicane pas à Fantin-Latour le titre de lithographe parce qu'il s'est le plus ordinairement servi du papier. Dans un autre ordre, on qualifie de graveurs des artistes qui, Holbein en tête, ont simplement livré aux praticiens, des dessins qu'ils avaient écrits sur le bois en vue de la gravure. Manet a tracé ses dessins en vue de la reproduction et il les a étudiés avec un sentiment très exact de l'effet qu'il pouvait obtenir. Rien de plus légitime, par conséquent, que d'examiner ces pages et l'on s'étonnerait de nous les voir passer sous silence,

(1) *Op. cit.* p. 84.
(2) La pièce a été intégralement publiée dans le *Journal des Curieux*, numéro consacré à Manet, le 10 mars 1907.

puisque, parmi elles, figure la retentissante illustration pour *Le Corbeau* d'Edgar Poë traduit par Stéphane Mallarmé.

Le Corbeau parut chez Lesclide, en 1875[1]. Il était annoncé par une affiche sur laquelle on voyait une tête de corbeau de profil (M. N. 95). Le format du livre demi-folio semblerait démesuré si Manet ne s'y était magistralement déployé. Manet a suivi de très près le poème : le poète, auquel il a donné les traits de Mallarmé, écrit sur sa table, — il se lève, et va ouvrir la fenêtre par laquelle entre le corbeau, — le corbeau est perché sur la tête de Minerve et le poète le regarde, hypnotisé, — l'ombre du corbeau se dessine, près d'une chaise, sur le sol. Un ex-libris où l'on voit le corbeau planant, complète l'illustration.

Peu de pages ont produit plus de stupeur et l'on ne peut s'étonner que leur aspect brutal et sommaire, ces larges placards noirs, ces constrastes véhéments, aient décontenancé le public. C'est sans doute en y pensant que Bouchot, d'ordinaire mieux inspiré, écrivait : « Il y eut en Manet, un peintre tourmenté de billevesées, sorte d'Edgar Poë, volontairement maladroit et qui bâclait ses lithographies comme ses tableaux au rebours des sentiments reçus, non sans audace... Fut-il le précurseur de nos modernes décadents; et mit-il le premier le dessin sur pierre au service des insomnies volontaires et calculées qu'Odilon Redon exploite aujourd'hui en des noirs veloutés? On peut le croire[2] ». J'imagine que, lorsque Bouchot émit ce jugement, il n'avait pas pris la peine de

(1) Le *corbeau* (The Raven) poème d'Egar Poë traduit par Stéphane Mallarmé, illustré de cinq dessins de Manet.

(2) Bouchot. *La Lithographie*, 1895, p. 196.

rafraîchir des impressions peut-être anciennes; en tout cas, ses lignes me semblent d'une égale incompréhension et sur l'imagination et sur l'art de Manet. Pour avoir commenté Edgar Poë, est-il besoin de le dire, Manet n'avait avec lui aucune parenté spirituelle. Nous avons remarqué que, séduit par Goya, il n'a jamais essayé de le suivre dans le domaine des cauchemars et des rêves. Ce n'est, certes pas, par affinité qu'il a abordé Poë que son ami Baudelaire avait aimé et que lui recommandait son ami Mallarmé. Il régnait entre ce dernier et le peintre une amitié étroite que Proust a joliment évoquée dans son livre[1]. L'illustration de Poë en est un témoignage, comme, trois ans plus tard, les vignettes pour *L'après-midi d'un faune*. Le dirai-je? Je vois, dans l'illustration de Manet, une intelligence supérieure, un effort lucide pour donner, par l'image, un équivalent de la terreur savamment dosée par le poète, mais non pas la paraphrase qu'aurait pu faire spontanément un visionnaire de la même famille que Poë, Odilon Redon, par exemple, auquel Bouchot l'a si malencontreusement associé.

Pour la facture, certes elle est « au rebours des sentiments reçus »; volontairement maladroite et bâclée[2], c'est autre chose; non sans audaces, de toute évidence, mais non pas sans parrains et sans répondants. Ces parrains sont les maîtres de l'Extrême-Orient.

Dans une très pénétrante étude sur le Japon à Paris, écrite à propos de l'Exposition de 1878, Ernest Chesneau établissait entre les artistes influencés par les japonais,

---

(1) Proust. *op. cit.* p. 73-77.

(2) M. Moreau-Nélaton a reproduit et décrit un premier état du poète à la fenêtre par quoi s'attestent les scrupules de Manet qui a modifié la silhouette des cheminées entrevues à l'horizon pour en parfaire l'arabesque.

deux catégories : les uns avaient emprunté des poncifs
nouveaux, des travers ou des tics ; attachés à la lettre ils
flattaient le goût du jour, spectateurs d'une mode dont ils
ne recueillaient aucun principe vivifiant. Les autres, au
contraire, avaient reçu, de ce commerce rafraîchissant où
se rajeunissait leur sensibilité, une aide protectrice
contre des routines. Ceux-là n'étaient pas des copistes ;
au contact du Japon ils avaient trouvé « une confirmation
plutôt qu'une inspiration à leurs façons personnelles de
voir, de sentir, de comprendre et d'interpréter la nature[1] ».
Dans ce groupe d'élite où il rangeait Claude Monet et
Degas, Ernest Chesneau n'avait garde d'oublier Manet
qui devait à la méditation du Japon, — je cite ses propres
termes, malgré l'énorme erreur de fait qui les dépare, —
« ses franchises de taches et l'esprit de la forme curieuse
comme en ses eaux-fortes (!) pour l'illustration du
Corbeau d'Edgar Poë ».

Manet, nous le savons par Théodore Duret, et nous
l'aurions deviné facilement sans ce témoignage[2], Manet
« admirait beaucoup ce qu'il avait pu voir d'Hokusaï
et les volumes de la Mangwa qui lui étaient tombés sous
la main étaient de sa part l'objet de louanges sans res-
triction ». Cette admiration était ancienne ; dans le
portrait d'Émile Zola, exposé en 1868 et qui vient d'entrer
au Louvre, il a figuré, réunis en un cadre, un camaïeu de
l'*Olympia, los Borrachos* de Velasquez traduits par Goya
et une estampe japonaise, manifestes de ses prédilections.

L'emprise japonaise semble s'être de plus en plus
accentuée à partir de 1870. Nous avons déjà vu le nom

(1) Ernest Chesneau. *Le Japon à Paris* in *l'Art moderne à l'Exposition
de 1878*, p. 472.
(2) *Manet*, 1919. p. 172.

d'Hokusaï prononcé à propos du *Rendez-vous des Chats* ; la synthèse elliptique du *Baudelaire de profil* et de l'*Eva Gonzalès* s'autorise, nous l'avons dit, du même exemple. Dans *Le Corbeau*, l'influence apparaît plus directe et c'est le dessin même des japonais, le lavis à l'encre de Chine avec ses affirmations télégraphiques, dont Manet a voulu s'emparer [1].

Mais, nous le savons, il était incapable d'emprunter un procédé sans le plier à ses fins et, entre la notation mesurée, écrite avec sûreté par un maître nippon et ses fougueuses interprétations il y a une différence qui saute aux yeux, différence de main et de mentalité.

Pour feuilleter *Le Corbeau* il faut se prêter au système de transcription de l'artiste, l'accepter pour guide sans prétendre discuter le langage qu'il nous impose. C'est là, d'ailleurs, une attitude que rend perpétuellement nécessaire son tempérament impérieux et c'est faute d'avoir consenti à s'y soumettre que sont nés tant de malentendus. Essayons donc d'entrer dans ses intentions ; rien, dès lors, ne nous paraîtra plus aisé, plus intelligible que sa glose. Il n'est pas nécessaire de commenter, tant la lecture en est immédiate et frappante, l'image où le poète, dans la paix et le calme qu'il savoure, à son insu, pour la dernière fois, travaille, à la lueur de sa lampe, dans le silence de la nuit noire. Pas de commentaire non plus pour l'instant où le poète, par la fenêtre ouverte, voit entrer le corbeau fatidique qui ne le quittera jamais plus. Non, point de commentaire sinon pour admirer l'économie de la composition. Le corbeau indis-

---

[1] Il conseillait à Georges Jeanniot de faire « des dessins au pinceau et à l'encre de Chine : *vos compositions y gagneraient.* les ombres et les lumières simplement ». *En souvenir de Manet. Grande Revue,* 10 août 1907, p. 850.

A LA FENÊTRE

solublement attaché à la Minerve s'impose d'emblée et
le raccourci audacieux de la tête du poète fasciné est
rapidement accepté. Reste une page d'une moindre évidence parce que la brièveté en est imprévue. Cette chaise
isolée et tragique dans la lumière, près de l'ombre portée
du corbeau fatal, Manet lui a donné une importance
difficile à expliquer; mais ne nous est-il pas arrivé, aux
prises avec une forte émotion, joie ou douleur, de nous
hypnotiser sur quelque objet fortuit dont notre regard
ne pouvait se détacher?

On a pu discuter ou méconnaître ces dessins. Le profil
du *Corbeau* tracé sur l'affiche s'est, au contraire, imposé.
Maintes fois l'on a reproduit cette impérieuse image.
Dressé avec autorité, dardant son regard fixe et impla-
cable, portant les stigmates des ans, on dirait presque
des siècles, vivant et symbolique, c'est bien l'emblème
type du destin impénétrable et hostile. Manet a été guidé
par les japonais; il a, peut-être, aussi été inspiré par la
très belle eau-forte, *Le Corbeau* (B. 115), de Bracquemond. La puissance, la signification de la silhouette
sont de lui seul.

Il s'était préparé par un croquis (M. N. 96) que Burty
a daté de janvier 1875; il y a dessiné une tête de corbeau
fort belle, le luisant des plumes indiqué avec hardiesse,
l'attitude moins décisive que celle à laquelle il s'est
arrêté. Sur cette même feuille, trois croquetons spirituels de Tama, le chien japonais de Théodore Duret; une
main étrangère y a ajouté un fragment d'alphabet japonais et le tout se compose librement avec un charme
singulier.

Manet s'est servi encore de l'encre autographique en
d'autres circonstances. *Le café* (M. N. 88), offre des indi-

cations abrégées, une recherche précieuse d'espace et d'atmosphère. *Au Paradis* (M. N. 89), c'est un titi parisien dont la figure frappée par l'éclat du lustre, émerge sur l'ombre profonde de la galerie; le contraste est amusant, c'est un caprice de géant.

Ai-je besoin de le rappeler? Ces autographies s'apparentent étroitement aux dessins au lavis que Manet multiplia à la même époque. Bazire en a introduit plusieurs dans son livre. « Ils sont, note Béraldi [1], jetés sur le papier avec une remarquable décision dans la pose des noirs et des blancs. » D'autres ont paru dans *l'Autographe* en 1865 et 1867, ou dans *la Vie Moderne*.

Le beau et rapide portrait de Courbet, qui, reproduit par un procédé photomécanique, parut d'abord dans le livre du comte d'Ideville [2], est de cette famille.

Pour ne rien omettre des rapports de Manet avec la gravure, j'ajoute enfin qu'il a, à plusieurs reprises, tracé des dessins sur la planche du graveur sur bois. Il a dessiné ainsi une *Olympia* (M. N. 97) publiée longtemps après sa mort, en 1902, dans l'*Histoire d'Edouard Manet* de Duret; — une grande page, *le Chemin de fer* (M. N. 98), d'après son tableau du Salon de 1874, gravée par Prunaire et non publiée, il s'y est attaché à conserver le caractère de clarté aérienne de la toile; — la *Parisienne* (M. N. 99) publiée dans le *Monde Nouveau* en mars 1874 [3]; — le portrait de *Mme de Callias* (M. N. 100), réplique

(1) *Les graveurs du xix⁰ siècle* IX. p. 211.
(2) *D'Ideville. G. Courbet. Notes et documents, 1878.*
(3) Un éventail japonais, sur lequel est dessiné une tête, est accroché au mur. Cet éventail n'existait pas dans un premier état et, dans un second où il apparaît, la tête n'y était qu'indiquée; témoignages nouveaux des scrupules de composition de Manet.

d'un dessin rehaussé, aujourd'hui au Louvre, et que l'on pourrait comparer à la litho d'après Berthe Morizot.

Il apporta un soin et un plaisir particuliers aux menues vignettes qui parent, avec discrétion, *L'après-midi d'un faune*, 1876. On ne saurait se subordonner de meilleure grâce. Béraldi, impatienté par l'hermétisme de Mallarmé, écrit de ces vignettes, qu'elles « sont si peu faites qu'elles peuvent se regarder à l'envers, comme les vers se lire à rebours [1] ». En réalité, elles sont très écrites, avec une crainte d'appuyer tout à fait exceptionnelle, délicates et subtiles. Qu'on les rapproche du *Corbeau* ou des eaux-fortes du *Fleuve*, et l'on admirera, avec la variété de l'art de Manet, la qualité et la souplesse d'une intelligence capable de se prêter aux intentions les plus diverses.

[1] Béraldi : *Manet* in *Les graveurs du xixe siècle* IX p. 211. Béraldi, pourtant s'est appliqué à comprendre Manet et il lui a rendu, au moins une partielle justice : « Son œuvre gravé, affirme-t-il p. 206, n'exercera pas sur la gravure la même influence que ses tableaux sur la peinture ; néanmoins par leur aspect *sui generis*, ces planches elles aussi provoquent chez les uns des exaltations, chez les autres des exaspérations. Mais les violences en ces matières ne servent de rien. Il y a dans les planches de Manet des essais si peu faits que les *manetistes* essayeraient en vain d'en imposer le goût. Mais jamais les *antimanetistes* n'empêcheront le *Guitarrero*, *Lola de Valence* ou *l'Enfant à l'épée* d'être de vraies eaux-fortes de peintre ».

CHAPITRE IV

MANET ET L'ESPAGNE

IV

Nous avons étudié l'œuvre gravé et lithographié de
Manet, soucieux d'en démêler la signification, attentifs à en savourer les joies. Au cours de notre examen,
nous avons consulté peintures, aquarelles, dessins et
nous avons évoqué l'œuvre entier du maître pour mieux
pénétrer le secret d'une lithographie ou d'une eau-
forte.

A leur tour les estampes ne pourraient-elles pas être
appelées à concourir, avec l'ensemble de sa production,
à nous aider à préciser la physionomie de Manet? On les
a, il me semble, trop rarement interrogées. Biographes
ou historiens leur ont, parfois, consacré un chapitre
spécial, ils ne leur ont accordé, souvent, que quelques
lignes rapides ou ils les ont, simplement, passées sous
silence. Elles méritent, à mon sens, d'être produites, si
l'on veut élucider les problèmes que soulève une personnalité particulièrement exceptionnelle et complexe.
Ces problèmes, nous les avons vus se poser devant nous,
d'eux-mêmes, au cours de notre analyse. Une eau-forte,
une lithographie nous obligeaient à réfléchir sur le
caractère de l'inspiration, du dessin, sur l'évolution de
Manet. Et c'est pourquoi, à présent, nous voudrions, à
l'aide de ces documents aimés, non pas, sans doute,
aborder l'examen total de l'esthétique du maître, ce

serait une entreprise trop ambitieuse, mais reprendre quelques problèmes déterminés. Les rapports de Manet avec l'Espagne, la signification d'*Olympia*, l'évolution vers le plein air, l'impassibilité de Manet sont les questions auxquelles nous allons, à présent, nous attacher.

L'emprise de l'Espagne sur Manet a été évidente dès le premier jour et, depuis ce moment, tous ceux qui lui ont consacré quelques lignes ou une étude l'ont signalée. Nul n'a essayé de nier un fait aussi manifeste. Tous ne l'ont, cependant, pas compris de la même façon. Pour les uns, il y a eu affinité, et, pour les autres, abdication. La plupart ont essayé de déterminer les ascendants espagnols de Manet, et ils ont, avant tout autre, jeté le nom de Goya qui leur a, souvent, suffi, tandis que de plus informés y ajoutaient celui de Velasquez ou allaient parfois même jusqu'à nommer Ribera. Ceux qui ne craignent pas les opinions tranchantes et les jugements sommaires n'ont pas voulu, hors de l'Espagne, lui reconnaître de maîtres. Les esprits plus mesurés ont décelé d'autres tutelles, celle des Vénitiens, de Titien, de Tintoret, et encore celle de Franz Hals. Enfin on s'est accordé généralement à reconnaître que, hanté d'abord par l'Espagne, Manet s'en était ensuite éloigné, si bien que l'on a pu distinguer une période espagnole de son activité, période qui se clôt vers 1866, au lendemain, piquant paradoxe, du premier et unique voyage qu'il ait fait en Espagne.

Puisqu'il n'apprit pas à les connaître chez eux, comment Manet subit-il donc la séduction de la péninsule et de ses maîtres? A cette question essentielle, on ne

LES PETITS CAVALIERS

donne, d'ordinaire, que des réponses assez vagues :
« Les premiers tableaux consacrés à des sujets espagnols
lui ont été suggérés par la vue de chanteurs et de dan-
seuses venus en troupe à Paris. Séduit par leur originalité, il avait ressenti l'envie de les peindre [1]. » Sans
doute, mais le style dans lequel il les a peints? On
allègue l'action de tableaux espagnols rencontrés comme
au hasard. Influence partielle, relativement tardive.
Bazire va jusqu'à avancer qu'il n'aurait été frappé par
les Espagnols du Louvre qu'après ses voyages en Alle-
magne et en Italie [2], c'est-à-dire vers 1858. La vérité est
évidemment tout autre, et bien que je ne fonde pas mes
présomptions sur l'examen des estampes, je demande
la liberté d'essayer de l'établir.

Manet, né à Paris en janvier 1832, a grandi à Paris
même. Après un échec au *Borda*, il s'est, dans des conditions assez obscures, embarqué comme pilotin en
décembre 1848, d'après le témoignage d'Antonin Proust,
qui atteste qu'il était encore à Paris pendant les journées de juin 1848 [3].

Il avait alors seize ans. Sans lui supposer une préco-
cité exceptionnelle, si on lui attribue simplement la sensibilité d'un petit parisien de cet âge, on pensera qu'il était
capable, depuis quelques années, d'éprouver de fortes
émotions artistiques. Il serait extraordinaire, qu'issu
d'une famille cultivée et attiré vers la peinture, il n'ait
pas fréquenté le musée du Louvre; nous savons positi-
vement qu'il le faisait. Le colonel Fournier, son parent,

(1) Duret *Manet*, 1912, p. 26.
(2) Bazire, *Manet*, p. 15.
(3) Antonin Proust, *Manet*, p. 11. La plupart des articles nécrologiques parus
dans les journaux en 1883 placent vaguement le voyage en 1850 ou quand Manet
avait 17 ans. M. Duret ne se prononce pas et M. Blanche s'en réfère à M. Duret.

n'avait pas de plus grand plaisir, au dire d'Antonin Proust[1], que de l'emmener au Louvre le dimanche. Il suffit, et nous sommes en droit d'affirmer que Manet a lié, dès l'enfance, avec les Espagnols, un commerce étroit.

Car le Louvre, de 1838 à 1848, a abrité un merveilleux Musée Espagnol créé par Louis Philippe et qui devait disparaître à la chute de la monarchie de juillet[2]. Jules Breton, dans une page saisissante[3], a raconté l'effet impressionnant que produisaient ces salles austères et monacales où régnait un fanatique silence. Quatre cents toiles y étaient réunies, dont vingt-cinq attribuées à Ribera, dix-neuf à Velasquez. Greco y figurait par neuf pages parmi lesquelles le *Christ des frères Covarrubias* qui est revenu au Louvre. De Goya on voyait huit toiles parmi lesquelles les *Manolas au balcon* et des *Femmes de Madrid* en costume de majas. Comment douter que Manet ait vu ces œuvres, qu'il les ait scrutées avec une curiosité avide? Il devait en garder un souvenir durable dont le *Balcon* est l'éclatant témoignage. Manet prit, au Louvre, contact avec l'Espagne mieux qu'il n'eût pu le faire dans les musées de l'Espagne même.

Après 1848, quand le Musée Espagnol eût disparu du Louvre, les quelques toiles qui demeurèrent suffirent à prolonger la leçon. Ses eaux-fortes disent l'attention avec laquelle il regarda les Velasquez. Il connut les Espagnols aussi hors du Louvre. Il visita certainement la galerie Pourtalès et, sans l'accuser, comme on ne manqua pas de le faire, d'avoir, dans le *Torero mort*,

(1) *Op. cit.*, p. 5.
(2) J'ai résumé cette histoire dans mon livre *Du Romantisme au Réalisme* p. 97, sqq.
(3) *Nos peintres du siècle*, p. 175.

copié le *Roland mort* attribué à Velasquez[1] il faut
reconnaître, entre les deux œuvres, une analogie qu'explique une réminiscence certaine. Enfin, il est à peine
utile de rappeler combien lui étaient familières les eaux-
fortes de Goya.

De tout cela je trouve la confirmation dans une lettre
de Baudelaire à Thoré. Baudelaire y nie tout ce que
j'avance, mais il le fait avec un parti pris de paradoxe
si évident qu'on sent parfaitement qu'il ne se prend
pas à son propre jeu. « M. Manet n'a jamais vu de *Goya*;
M. Manet n'a jamais vu de *Greco*; M. Manet n'a jamais
vu la galerie Pourtalès. Cela vous paraît incroyable mais
cela est vrai.

« Moi-même, j'ai admiré, avec stupéfaction, ces mystérieuses coïncidences.

« M. Manet à l'époque où nous jouissions de ce merveilleux musée espagnol, que la stupide République
française, dans son respect abusif de la propriété, a rendu
aux Princes d'Orléans, M. Manet était un enfant et
servait à bord d'un navire. On lui a tant parlé de ses
pastiches de Goya, que maintenant il cherche à voir des
Goya.

« Il est vrai qu'il a vu des Velasquez, je ne sais où.
Vous doutez de ce que je vous dis? Vous doutez que de
si étonnants parallélismes géométriques puissent se présenter dans la nature. Eh bien on m'accuse moi d'imiter
Edgar Poë[2]... » Et le poète de prouver qu'il a découvert Poë bien longtemps après avoir écrit les pages qui
en paraissent inspirées. Le morceau est brillant, juste

---

(1) Aujourd'hui à Londres, à la National Gallery, sous le titre « un guerrier
mort ».

(2) La lettre, non datée, doit être de 1864. *Lettres*, p. 362.

quand il constate ces mystérieuses coïncidences que nous appelons plus simplement des affinités. Mais on sent que Baudelaire, au fond, est parfaitement informé et, pour répondre au paradoxe par le paradoxe, je vois, dans ce plaidoyer si circonstancié, la confirmation même de ce qu'il nie...

L'Espagne, d'ailleurs, bénéficiait, autour de Manet, d'un engouement très général ; loin de montrer des prédilections exceptionnelles, il a été bien plutôt, réceptif comme il l'était, entraîné par une faveur très antérieure à ses débuts et dont il est facile d'accumuler les preuves.

Les événements avaient attiré et maintenu les yeux des Français vers l'Espagne [1]. La conquête de Napoléon et le règne éphémère de son frère Joseph, la campagne du Trocadéro sous la Restauration, les mariages espagnols et l'intérêt porté à la guerre carliste sous Louis-Philippe, remirent constamment, dans la première partie du siècle, les choses d'Espagne à la mode. Cette mode reprit pour des raisons quasi officielles, lorsqu'une espagnole devint impératrice.

Cependant l'Espagne avait envahi la littérature. Victor-Hugo l'évoquait dans *Hernani* et *Ruy Blas*, Mérimée publiait le *Théâtre de Clara Gazul* et rendait populaire le nom de *Carmen*. Nodier chantait *Inès de las Sierras*. Le théâtre du Boulevard devait consacrer cette vogue : Meilhac et Halévy, avec Offenbach, faisaient applaudir *les Brigands* et *la Péricholle*, et Moineaux, dans *les deux Aveugles*, insérait une sérénade bouffonne.

A ce mouvement nul n'avait plus collaboré que Théo-

---

(1) L'attirance vers l'Espagne s'exerce, d'ailleurs, sur la France, d'une façon périodique, depuis la période classique : se rappeler *le Cid*, *Don Sanche d'Aragon*, *les Folies espagnoles*, *Gil Blas* et, près de nous, *Carmen*, *Espana*, *l'Heure espagnole*.

phile Gautier. Il célébrait l'Espagne en prose et en vers; dès 1831 il la proposait à l'attention des artistes; en 1842 il donnait la première étude importante consacrée à Goya[1]. L'ouverture du Musée Espagnol détermina, on l'imagine aisément, une forte émotion et on aperçut presque aussitôt, chez quelques peintres, une orientation nouvelle qui permit à la critique de saluer une école espagnole. Les champions de cette école, Ziégler, Brune, n'étaient pas, par malheur, des hommes de premier plan, et ils mirent, d'ailleurs, peu de persévérance dans leur entreprise. Cette première école espagnole disparut presque aussitôt, sans laisser beaucoup de traces[2]. Mais une influence diffuse s'exerça dès lors. Elle apparut surtout après 1848, et si nous essayions de la définir, ce serait toute l'histoire du réalisme qu'il nous faudrait esquisser. Disons simplement qu'en un moment où les conceptions romantiques ne répondaient plus à leurs aspirations, de jeunes peintres, avides de liberté, trouvèrent, pour s'appuyer contre la réaction ingriste ou académique, un appui dans l'étude de l'Espagne.

Tandis que certains artistes se mettaient à l'école de Velasquez ou de Ribera, d'autres découvrirent le pittoresque espagnol. Ainsi, vers 1818, Géricault, suivi bientôt par Léopold Robert, avait découvert le pittoresque italien. Au Salon de 1843, Adolphe Leleux exposa une *Posada* qui obtint un « prodigieux succès[3] ». Au

(1) Dans le *Cabinet de l'Amateur*, 1842.
(2) J'ai raconté toute cette histoire dans mon livre *Du Romantisme au Réalisme*. Chap. VI. III., p. 24, sqq.
(3) En 1845 Courbet exposait un *Guitarrero* (reproduit dans *Courbet* col. *L'art de notre temps*, pl. II). Mais l'œuvre n'emprunte que le titre au pittoresque espagnol; elle n'a aucun rapport avec le *Guitarrero* de Manet.

Salon de 1850-1851 Daumier exposait *Don Quichotte et Sancho se rendant aux noces de Gamache*, Louis Boulanger *un coin de rue à Séville*, Alfred Dehodencq *la Course de taureaux*[1]. *La Course de taureaux*, Proust nous l'atteste[2], enthousiasma Manet qui en garda un souvenir durable. Plus tard, après avoir visité l'Espagne, il s'écriait un jour, au témoignage de son ami : « Quelles rues! quel peuple! Dehodencq a vu et très bien vu. Avant d'aller là il était aveugle. Il y a des gens qui ne croient pas au miracle. Eh bien, moi, depuis Dehodencq, j'y crois ». Dehodencq était tout à fait digne d'agir sur Manet. « Ses scènes de la vie espagnole procèdent d'une analyse des mœurs compréhensive, pénétrante », écrivait Roger Marx et il ajoutait « il paraît à cette heure former le trait d'union entre Delacroix et Manet[3] ».

Manet, en songeant à l'Espagne, ne faisait donc rien de singulier. Pourquoi alors avoir tant insisté sur un penchant qu'il partageait avec de si nombreux artistes[4]?

(1) Le tableau, après avoir longtemps figuré au musée du Luxembourg, est aujourd'hui au musée de Pau. On voyait encore au Salon de 1850, des tableaux à sujets espagnols par Bourdier, Bourgeois, P.-V. Giraud, Laugée, Armand Leleux. A l'exposition universelle de 1855, Courbet exposait *une Dame espagnole* et Decamps, *les Espagnols jouant aux cartes*.

(2) *Op. cit.*, p. 36-37.

(3) *Maîtres d'hier et d'aujourd'hui*, p. 107.

(4) Autour de lui, Legros évoquait dans plusieurs eaux-fortes, le pittoresque et l'ascétisme espagnols. *Procession dans une église espagnole* (B. 49); *le Chœur d'une église espagnole* (B. 50); *la Messe dans une église espagnole* (B. 51); *les Chantres espagnols* (B. 59). Ribot s'affirmait, au Salon de 1861, comme le disciple de Ribera. Whistler avait été tenté, mais s'était arrêté, avant Biarritz, à Guétary (Th. Duret, *Histoire de Whistler*, p. 18). Bonnat affichait ses attaches espagnoles dans son *Saint-Vincent de Paul* du Salon de 1866. A son tour Henri Regnault allait être entraîné. En 1867, il se dirigeait vers l'Espagne et envoyait au Salon de 1869, le portrait de Juan Prim. Le mouvement se prolongea après 1870 et Manet put encore voir, aux Salons de 1881 et 1882, des toiles espagnoles de Falguière.

Rappelons le grand succès du *Mariage espagnol* de Fortuny, exposé au printemps de 1870 chez Goupil qui, dès 1866, avait acheté à l'artiste des aquarelles.

Tout d'abord, plus que d'autres et d'une façon plus persévérante, il a, pendant plusieurs années, affiché ses liens avec l'Espagne. Les sujets de ses tableaux et de ses eaux-fortes, *le Guitarrero, Lola de Valence, les Gitanos*, l'*Espada*, *le Torero mort*, ont été empruntés à l'Espagne directement, ou bien encore ils ont été manifestement conçus selon des exemples espagnols, ainsi, le *vieux Musicien* qui dérive de *Los Borrachos*, le *Buveur d'absinthe*, le *Philosophe* campés à la façon des philosophes de Ribera ou de Velasquez. L'album de 1862 porte, nous l'avons vu, en frontispice, un sombrero et une guitare. Sur neuf planches qu'il renferme, quatre, les quatre premières, sont hispanisantes[1]. Je suis persuadé que Manet et son éditeur y ont vu un élément de succès. L'état de l'esprit public devait les y porter et aussi l'accueil fait, au Salon de 1861, au tableau du *Guitarrero*.

On a souvent cité la page par laquelle Théophile Gautier salua le début de Manet et je demande à la produire à mon tour : « Caramba! voilà un Guitarrero qui ne vient pas de l'Opéra Comique et qui ferait une mauvaise figure sur une lithographie de romance; mais Velasquez le saluerait d'un petit clignement d'œil amical, et Goya lui demanderait du feu pour allumer son *papelito*. Comme il braille de bon courage en raclant le jambon! — Il nous semble l'entendre. — Ce brave espagnol au sombrero de calanès, à la veste marseillaise, a un pantalon. Hélas! la culotte courte de Figaro n'est plus portée que par les espadas et les banderilleros. Mais cette concession aux modes civilisées, les espargates la rachètent. Il y a beaucoup de talent dans cette figure de

---

[1] De plus *le Buveur d'absinthe*, *le Gamin*, *la petite Fille*, relèvent de la méditation de Velasquez.

grandeur naturelle, peinte en pleine pâte, d'une brosse vaillante et d'une couleur très vraie [1] ».

Le couplet est étincelant; il s'ajoute aux innombrables preuves de la perspicacité généreuse du bon Théo [2]. J'imagine qu'il l'aurait écrit avec moins de plaisir s'il ne s'était pas prêté au cliquetis de termes savoureux et rares. Les mérites sur lesquels il insiste, par ce jeu, étaient les plus capables de séduire le public, pittoresque de costume, de décor. Ce sont ceux qui, aux yeux de Manet comme aux nôtres, ont le moins d'importance. Reprenez les eaux-fortes que nous avons étudiées, *le Guitarrero* lui-même, *les Gitanos*, *Lola de Valence*; ce n'est pas par leur couleur locale extérieure, par tel détail authentique qu'elles nous attirent et nous retiennent. La qualité de ces morceaux c'est qu'ils sont « empreints de la saveur espagnole la plus forte » selon les termes de Baudelaire [3]. Cette saveur nous la retrouvons dans des pages dont le pittoresque exotique est absent, dans *le Buveur d'eau*, *le Philosophe*; elle ne dérive pas d'un placage d'attributs, de la mise en œuvre adroite d'une friperie d'atelier. Elle vient de ces « étonnants parallélismes géométriques », de ces mystérieuses coïncidences que notait le poète et qui lui faisaient dire, encore, en présence des tableaux de Manet : « Ils donnnent à croire que le génie espagnol s'est réfugié en France ».

Et voilà l'origine du malentendu entre Manet et ses

(1) *Moniteur universel*, 3 juillet 1861.

(2) Il me semble au reste, qu'on en a fort exagéré l'importance, comme on l'a fait pour l'article de Thiers sur Delacroix, en 1822. Le Salon de 1861 de Gautier, paru dans le *Moniteur*, fut immédiatement réimprimé et constitue tout un volume. Si on veut bien le feuilleter on constatera que Gautier y consacre des tirades élogieuses, aussi ou plus importantes, à des artistes médiocres ou oubliés.

(3) Baudelaire, l'*Art romantique* IV. *Peintres et aquafortistes*.

LE PHILOSOPHE

contemporains. Ils l'auraient applaudi s'il avait chanté
une Espagne d'Opéra Comique comme le firent, à partir
du Salon de 1863, Worms ou Zamacoïs, dont l'art factice
fut vite populaire. Il aurait pu, d'autre part, se contenter
d'aimer les peintres espagnols en esprit et appliquer, à
l'exemple de Courbet, les fortes leçons d'indépendance
et de sincérité qu'il puisait dans leur commerce, à des
sujets cherchés hors de l'Espagne. Le public déconcerté
l'aurait méconnu ou bafoué sans discerner ses parrains.
Mais, par un dernier effet des prestiges romantiques, il
était épris d'exotisme en même temps qu'il était passionné de vérité. Il célébrait l'Espagne en réincarnant
la mentalité des maîtres espagnols. Dès lors il fut aisé
de lui appliquer une tactique dont on s'est souvent servi
contre les novateurs et qui consiste à leur dénier toute
originalité, et à affecter de reconnaître, dans les audaces
dont on s'est offusqué, de maladroites redites de thèmes
usés.

Ces œuvres tapageuses qu'étaient-elles, à tout prendre,
sinon des « imitations extrêmement lâchées, ignorantes
même, parfois plus ou moins heureuses ou informes de
Velasquez ou de Goya [1]. »

De Goya. Nous avons effectivement vu que Manet,
graveur, lui avait emprunté des procédés techniques;
mais s'il a, avec lui, une parenté d'allure, s'il s'est même
amusé à le pasticher, nous avons dit combien il en diffé-
rait par l'esprit. Il est, au contraire, très près, par les
intentions, de Velasquez; Velasquez est, de tous les
maîtres, celui dont la pensée a été la plus indifférente à

____

(1) Jules Breton, *Nos Peintres du Siècle*, p. 202. « Pastiches mal raccordés de
Velasquez, de Goya, de Théotocopuli et de bien d'autres », écrivait encore
Huysmans.

tout ce qui n'est pas la peinture; il a été, avant tout, une main magique au service d'un œil merveilleux, un pur peintre. Manet, le plus souvent[1], lui ressemble en ce point.

C'est à Velasquez et non à Goya, que font penser *les Gitanos*, *le Guitarrero*, *le Gamin*, *la petite Fille*, *le Torero mort*, *le Philosophe*, *l'Enfant à l'épée*, *l'Enfant portant un plateau*. *Le Christ aux anges*, avec Velasquez, évoquerait peut-être aussi Zurbaran. Il est très vraisemblable qu'*Olympia* doit sa conception à *la Maja nue*, comme *le Balcon* aux *Manolas*. Mais, ce point de départ accordé, il y a autant de différence entre *Olympia* et *la Maja* qu'entre *la Maja* et *la Vénus couchée* de Velasquez.

Il y a eu, certainement, une période, et les estampes en témoignent aussi bien et plus peut-être que les peintures, où Manet a eu la hantise de l'Espagne, mais à aucun moment il n'y a eu de sa part absorption ou abdication. Il a repris la tradition vivante des maîtres. En se mettant à leur école, il leur a demandé de fortifier les instincts qu'il sentait en lui. Il avait un besoin impérieux de vision et de traduction directes. Il a cherché et il a trouvé chez les Espagnols, un appui libérateur. Proust nous le montre, au Louvre, enthousiasmé par les *Cavaliers* attribués à Velasquez : « Ah! cela! se serait-il écrié, en laissant échapper un soupir de soulagement, c'est net. Voilà qui vous dégoûte des ragoûts et des jus. »

Il n'était pas homme à accepter des recettes même venues d'Espagne. Très différent en cela de Courbet avec lequel il a, par ailleurs, tant de velléités communes, il ne lui suffisait pas, pour ce qu'il avait à dire, d'une

(1) Mais non toujours, je le montrerai tout à l'heure, Chap. VII.

science technique acquise dans la fréquentation des musées [1].

Son art a été un perpétuel effort pour fixer sur la toile ou sur le papier la plénitude intégrale et sans mélange de ses sensations visuelles. Pour cette réalisation qui le tourmentait, il a trouvé, d'abord, des guides chez les Espagnols et, pendant longtemps, il n'a pas imaginé pour lui de meilleurs conseillers. Mais, peu à peu, leurs leçons se sont manifestées insuffisantes et il a rencontré, sur sa route, de nouveaux auxiliaires.

La période espagnole, nous l'avons dit, se termine au lendemain de son voyage en Espagne. On peut imaginer qu'à visiter les posadas fréquentées par les guitarreros et à parcourir les routes près desquelles campent les gitanos, il aura senti ce qu'il y avait, tout de même, d'incomplet et de factice dans ses intuitions. On peut dire aussi que, se rapprochant encore davantage de la pensée des maîtres espagnols, il aura compris qu'ils l'invitaient à représenter son pays et son temps comme ils avaient été eux-mêmes l'expression de leur patrie et de la société où ils vivaient. Mais le choix des motifs était secondaire pour Manet et il aurait pu changer ses thèmes sans modifier sa technique.

Cette technique même, nous le savons, Manet n'y était pas asservi; il la subordonnait entièrement à l'expression de sa sensibilité. Les Espagnols l'avaient aidé à se trouver lui-même, mais leur appui, à présent, lui faisait défaut. Hanté par un problème qui préoccupait, autour de lui, Courbet et les paysagistes, il rêvait de représenter les êtres et les choses dans la vraie et pleine

---

[1] M. Blanche a vigoureusement défendu Manet contre le reproche de pastiche, dans ses *Propos de Peintre*, T. I. p. 150 et dans son *Manet*, p. 22 et passim.

lumière du jour. *La Musique aux Tuileries, le Déjeuner sur l'herbe* attestent ses recherches et, plus encore, nous y reviendrons, quelques-unes de ses eaux-fortes. Ce problème du plein air, la méditation des Espagnols avait contribué à le poser; les méthodes Espagnoles anciennes étaient impuissantes à le résoudre. Dès lors, il fallait tenter ce que Velasquez ou Goya auraient certainement fait s'ils avaient pu reprendre leur palette : imaginer des formules inédites. Si ces formules ne surgissaient pas spontanément, il devenait nécessaire de se confier à de nouveaux guides. Ceux-ci se présentèrent à point nommé. Au moment où Manet franchit les Pyrénées, il méditait les suggestions que lui offraient les estampes japonaises. Et c'est pourquoi, par une coïncidence singulière, mais, à mon sens, la rencontre fut fortuite, au retour de Madrid, il parut dire adieu à l'Espagne. La trahit-il? Non pas. Il cessa, presque complètement d'en célébrer les spectacles, mais il lui resta fidèle en esprit, s'il continua, par des moyens plus aigus, de travailler à fixer sur le papier et sur la toile, comme l'avaient voulu les maîtres ibériques, la réalité frémissante.

V

Peu de toiles ont été discutées avec autant de violence
que *l'Olympia*; il n'en est point sur lesquelles la discussion ait tant duré. Soixante ans écoulés n'ont pas amené
l'apaisement. Olympia a subi des injures grossières; elle
a été l'objet d'interprétations hasardeuses ou contes-
tables de la part de ceux même qui l'abordaient sans
acrimonie et qui croyaient la comprendre. Si j'interviens
à mon tour, au risque d'apporter mon tribut d'erreurs,
c'est parce qu'il me semble qu'on n'a pas tenu suffisam-
ment compte d'éléments susceptibles de nous éclairer,
dessins, aquarelles préparatoires ou reprises de l'œuvre
et, surtout, les deux eaux-fortes par lesquelles Manet
s'est lui-même commenté.

Olympia fut, au Salon de 1865, l'objet d'une véritable
bataille. Des énergumènes voulaient lacérer la toile; il
fallut placer des gardes pour la protéger. On doit convenir que Manet avait imprudemment prêté le flanc aux
attaques. Le nom dont il avait baptisé son modèle son-
nait, pour les visiteurs mal disposés, comme une énigme
ou un défi. « Olympia? quelle Olympia? demandait
rageusement Jules Claretie [1] ». Nous pouvons partielle-
ment lui répondre. Parmi les premiers défenseurs de

---

(1) Dans *l'Artiste* 1865 I. p. 226; il ajoutait : « Ce n'est pas à Manet qu'on repro-
chera d'idéaliser les vierges folles, lui qui en fait des vierges sales ».

Manet s'était distingué, par son ardeur et sa compréhension, Zacharie Astruc. C'était, on le sait, un homme à talents, tour à tour journaliste, poète, musicien et sculpteur [1]. Bien avant Zola, il avait lors du Salon des Refusés, en 1863, défendu avec éloquence le *Déjeuner sur l'herbe*, dans un journal éphémère qu'il avait publié exprès pour soutenir les artistes persécutés. Manet lui en avait une reconnaissance naturelle. Le peintre et le critique s'étaient liés; *l'Atelier aux Batignolles* de Fantin-Latour en porte le témoignage. Manet y est représenté en train de peindre le portrait d'Astruc.

Or Astruc avait vu, dans l'atelier de Manet, *l'Olympia*. La toile était peinte depuis 1863; l'artiste hésita longtemps avant de se décider à l'exposer, et, vraisemblablement, il ne lui avait attribué aucun titre. Astruc s'en inspira pour composer un poème en dix strophes, chacune de cinq vers. On en retrouvera le texte intégral dans le numéro spécial publié, le 10 mars 1907, par *le Journal des Curieux* à la gloire de Manet au moment où, précisément, *Olympia* entrait au Louvre. Je doute qu'on ait la patience de lire jusqu'au bout l'élucubration d'Astruc; je doute surtout qu'on puisse démêler exactement sa pensée. Il a décrit :

> *Et le chat familier et la négresse aimante,*
> *Maternelle bonté qui prévoit les désirs*

d'une héroïne dont il est fort difficile de deviner la personnalité ou le caractère.

Manet adopta le nom d'Olympia. Il fit plus. Il inséra,

(1) Il est l'auteur de *l'Enfant aux masques* que l'on voit au jardin du Luxembourg et du buste de Barbey d'Aurevilly qui, du musée du Luxembourg, vient de passer au Louvre.

OLYMPIA

dans le livret officiel, ce couplet extrait du poème de son
ami et dont le moins qu'on puisse dire est qu'il était de
nature à décontenancer ou à égarer les visiteurs :

> *Quand, lasse de songer, Olympia s'éveille,*
> *Le printemps entre au bras du doux messager noir ;*
> *C'est l'esclave, à la nuit amoureuse pareille,*
> *Qui vient fleurir le jour délicieux à voir :*
> *L'auguste jeune fille en qui la flamme veille.*

Chesneau eut beau jeu de prendre à partie « l'auguste
jeune fille » dans une diatribe dont la violence donnera
une idée du ton auquel étaient montées les attaques : « la
construction baroque de « l'auguste fille », sa main en
forme de crapaud, causent l'hilarité et chez quelques-uns
le fou rire. En ce cas particulier, le comique résulte de
la prétention hautement affichée de produire une œuvre
noble (« l'auguste jeune fille » dit le livret), prétention
déjouée par l'impuissance absolue de l'exécution [1]. »

Il y eut donc, au début, à côté des raisons essentielles
des polémiques, un malentendu provoqué par le titre
même de la page. Les vers de Zacharie Astruc sont heu-
reusement tombés rapidement dans un profond oubli.
Nul ne cherche plus à attribuer au nom d'Olympia une
signification déterminée. C'est, pour nous, simplement,
un vocable sonore dont l'éclat, désormais, après l'avoir
d'abord compromise, sert la célébrité de la toile. Les
discussions continuent. Elles portent, d'abord, sur les
procédés d'exécution, elles concernent, ensuite, la signification que l'artiste a voulu donner à son œuvre.

La querelle technique est, il faut le craindre, inépui-
sable. On peut réclamer, de ceux qui se refusent à

---

[1] Chesneau. *Les nations rivales dans l'art*, p. 344.

entrer dans la vision de Manet, un nouvel effort, mais il est, tout de même, impossible, s'ils se dérobent, de leur démontrer l'excellence de procédés dont ils demeurent offusqués. « Lorsqu'on revoit les toiles de ce peintre au Luxembourg, son Olympia entre autres, écrivait Jules Breton, on est surpris de tout le bruit qu'elles ont fait. Ce sont des blancs plaqués sur des noirs, des noirs sur des blancs, des figures sans la moindre souplesse, cernées de gros contours comme des vitraux.[1] » Avec plus de modération, M. Hourticq n'est pas très éloigné de ce jugement : « Olympia, écrit-il, est colorée d'une teinte uniforme de vieil ivoire; sa petite tête plate, sa poitrine maigre, son abdomen ambré, ses jambes aiguës sont cernés d'un trait terreux. Cette figure de joie a la raideur figée d'une image archaïque et ce spectacle de luxure ne montre que pâleurs livides et noirs de deuil. Sans doute, cette tristesse de la lumière, ce dessin sans complaisance répondent à la vision qui était dénigrante. Mais on peut croire aussi que la langue de Manet a trahi ses intentions[2]. »

Deux points, en somme, sont visés : le caractère du modelé et le système des contours. Pour le premier, déplorer, comme paraît le faire M. Hourticq, que Manet ait omis « non pas seulement les ombres légères qui montrent la souplesse des formes, mais aussi tous ces menus reflets, bleutés dans les demi-teintes, rouges dans les ombres, avec lesquels les Flamands fleurissaient la chair pour en rendre la finesse nacrée et la tiédeur, »

(1) Jules Breton. *Nos peintres du siècle*, p. 206. On peut pousser plus loin la violence : « Le nu surtout fut imparfait, parfois informe; il l'avait été dans Olympia », dit, avec une concision tranchante, M. Louis Dimier, *Histoire de la peinture française au xixe siècle*, p. 213.

(2) Hourticq, *Manet* p. 9.

c'est simplement regretter que Manet ait été lui-même. Mieux avisé Guichard, lorsqu'il s'écriait devant l'*Olympia* : « On dirait presque une étude d'Ingres[1] » ou G. Jeanniot qui proclame que « l'*Olympia* du Louvre est bien de la même famille que le portrait de Madame Rivière par exemple[2]. *L'Odalisque* d'Ingres n'a-t-elle pas provoqué les mêmes critiques que l'*Olympia*? Il faut en prendre son parti. » « On veut que çâ tourne, je me moque pas mal que çâ tourne, » s'écriait Ingres[3]. Pas plus qu'Ingres, Manet ne cherchait à faire tourner. Courbet, racontait Albert Wolf[4], aurait dit de l'*Olympia*, « C'est plat, ce n'est pas modelé : on dirait une dame de pique d'un jeu de cartes sortant du bain. » A quoi Manet aurait riposté : « Courbet nous embête à la fin avec ses modelés; son idéal à lui, c'est une bille de billard. »

« Cette sécheresse élégante, cette violence des transitions », que Zola définissait avec tant de justesse dès 1867, que Théodore Duret, Gustave Geffroy ou Gabriel Séailles[5] ont analysées avec bonheur à leur tour, elles sont le fait du génie de Manet. « L'Olympia, s'écriait-il devant Proust[6], quoi de plus naïf? il y a des duretés, me dit-on, elles y étaient, je les ai vues, j'ai fait ce que j'ai vu. »

La langue de Manet n'a donc pas trahi ses intentions. Il a, au contraire, affirmé très exactement ce qu'il voulait. Et les eaux-fortes soulignent cette volonté. A

---

(1) *Œuvres de Bracquemond exposées à la Société Nationale des Beaux-Arts. Catalogue avec une étude de Léandre Vaillat.* (1907, p. XV.)
(2) *En souvenir de Manet. Grande Revue*, 10 août 1907; p. 850.
(3) Au témoignage d'Amaury Duval, *l'Atelier d'Ingres*, p. 122.
(4) Dans l'article nécrologique du *Figaro*, 1er mai 1883.
(5) Séailles. *Edouard Manet* in *La Revue de Paris*, 1er février 1910, p. 583 à 589.
(6) *Op. cit.*, p. 80.

supposer qu'il eût rencontré quelque difficulté à s'exprimer pleinement par la couleur, le blanc et le noir ne lui auraient pas offert les mêmes obstacles. Or les deux *Olympia* gravées, pour différente qu'en soit l'allure, s'accordent au moins en ce que le modelé du corps y est réduit à très peu de chose. J'ajoute que, si nous les confrontions avec les autres eaux-fortes de Manet, nous le retrouverions perpétuellement, dans le modelé des chairs, préoccupé de grandes taches et de forts contrastes, capable d'indications très subtiles mais soucieux, avant tout, de faire jouer des oppositions franches, et, puisque l'on a l'habitude de jeter de grands noms dans ces controverses, je dirai qu'en cela, il ressemble, non seulement aux Espagnols, mais aux Vénitiens, à Franz Hals, à Vermeer.

Quant au contour qui cerne les formes d'un trait terreux « péniblement repris », ce « contour noir que rien n'explique » et qui « suit le bras droit, dessine le sein gauche, se retrouve le long de la cuisse, et de la jambe » comme le répétait encore Séailles[1], on peut s'étonner, à bon droit, qu'on le reproche à Manet, en l'acceptant — avec raison, — chez tant d'autres. Il suffit de rappeler, ainsi que l'a fait G. Geffroy, pour défendre précisément *Olympia*, que le trait dans le dessin est une convention[2]; chacun la pratique selon son tempérament. « Pour moi, proclamait Géricault, si je pouvais tracer mon contour avec un fil de fer, je le ferais. » Gauguin et Van Gogh ont appris à nos contemporains à mettre le contour en évidence et à lui donner un rôle essentiel. Dès lors on ne saurait contester à Manet sa méthode et

(1) Article cité p. 595.
(2) G. Geffroy. *Olympia* in *La vie artistique* I. p. 16.

l'on peut simplement se demander s'il en a fait un heureux emploi. Heureux, cela ne se démontre guère, calculé à tout le moins. Si nous voulons en croire Proust, un jour Frédéric Leighton, s'arrêtant devant le *Skating*[1], aurait dit à Manet : « C'est très bien, mais ne pensez-vous pas, Monsieur Manet, que cela danse et que les contours des figures ne sont pas assez arrêtées ? » A quoi l'artiste aurait répondu : « Cela ne danse pas, cela patine, mais vous avez raison, cela remue et quand les gens remuent, je ne peux pas faire qu'ils soient figés sur la toile. On m'a dit d'ailleurs, Monsieur, que les contours d'*Olympia* étaient trop arrêtés. Cela se compense[2]. »

Sous la forme d'une boutade, c'est l'expression exacte d'une doctrine. Manet a joué du contour en virtuose, et, s'il l'a accentué dans l'*Olympia* au point d'effaroucher quelques sensibilités, c'est qu'il le jugeait nécessaire à ses desseins. Cela est si vrai que, dans les deux eaux-fortes, on ne retrouve pas ce trait appuyé qu'il eût répété mécaniquement s'il en avait usé par impuissance ou par maladresse. Au reste, dans son œuvre gravé, il a perpétuellement varié l'indication des silhouettes, tantôt supprimant le trait, tantôt l'accentuant, capable à l'occasion de le doubler.

Que le public et les critiques effarouchés, au Salon de 1865, par l'aspect insolite d'*Olympia*, aient prêté à l'artiste des intentions équivoques, qu'ils aient crié au scandale et à l'indécence, cela ne saurait nous étonner. Mais depuis lors, parmi ceux qui ont étudié l'œuvre avec sang-froid, intelligence et sympathie, l'accord ne

(1) Peint en 1877, reproduit dans Proust, *Op. cit.*, pl. 24.
(2) Proust *Op. cit.*, p. 89.

s'est pas fait sur la signification que Manet avait
entendu lui conférer. « Figure de joie... spectacle de
luxure », écrit M. Hourticq et M. André Fontaine, dans
une longue et ingénieuse analyse, s'attache à prouver
que Manet a réalisé une véritable satire sociale : « En
examinant l'œuvre... ne sentons-nous pas une tristesse
d'un genre spécial nous envahir? N'y a-t-il pas dans
l'ensemble de ces détails si ironiquement critiqués
jadis, un accord de toutes choses pour augmenter notre
impression de malaise en face d'une pareille scène? et
n'est-il pas probable que l'auteur a voulu nous communiquer l'amertume que lui-même ressentait devant une
vie voluptueuse à peine, mercenaire et fermée? En cela
consiste son originalité, et cette originalité se manifeste
moins par l'étonnement initial que par l'imprévu de
l'émotion quand nous venons analyser le tableau[1] ».

Bien que très éloigné de cette conception, Gustave
Geffroy attribue aussi à *Olympia* la valeur d'un témoignage social. « Nous nous plaisons, écrit M. Jacques
Blanche, dans le livre récent qu'il vient de consacrer à
Manet, nous nous plaisons à assimiler la belle Olympia,
glacée et argentine, à un sonnet baudelairien. » « Est-ce
le titre, dit-il encore, qui ajoute son parfum mystérieux,
baudelairien, à cette figure d'odalisque qu'est l'Oympia? »
Et reprenant avec une subtilité aiguë l'analyse de cette
page de musée qui lui semble, à la fois, une toile classique et d'un romantisme fou, il dit « la saveur de cette
Olympia, merveille de grâce étriquée et raide... le grain
de perversité de cette fille enchanteresse, pétrie d'argent,
de lait, de rose tendre... Elle a « la rigidité hiératique »
d'une petite danseuse de Taïti, et c'est déjà « la pier-

---

(1) *Essai sur les principes et les lois de la critique d'art.* 1903, p. 322.

reuse » de J. K. Huysmans. Cela sent le *Jardin des supplices*, le Temple d'une « Vénus meretrix » et la maison Tellier. » Il avance, — sur quels documents? — que Baudelaire s'est senti attiré par cette demoiselle au visage fardé, mais reconnaît, tout de même, que « l'*Olympia* commence à perdre les signes « inquiétants » qui lui valurent, il y a soixante ans, les insultes des honnêtes gens, le culte de quelques « esprits malsains [1]. »

Ces « signes inquiétants » ont-ils jamais existé en dehors de l'imagination des curieux? Manet a-t-il traduit une conception baudelairienne, émule atténué de Rops, précurseur de Toulouse Lautrec, hanté, comme ils le furent, par la poésie morbide de la débauche?

Lui prêter de telles intentions, c'est se méprendre singulièrement sur sa mentalité. Il était d'imagination, peut-être courte, en tout cas parfaitement saine. Il n'a pas déployé, dans ses œuvres, de perversité. « Rien que peintre [2] », c'est M. Blanche lui-même qui le proclame avec une parfaite justesse, « simple », « peu concerté », il n'a songé, en travaillant à l'*Olympia*, qu'à faire un morceau de peinture. Zola en témoigne, qui fut son défenseur et, dans une très large mesure, on n'en saurait douter, l'interprète de sa pensée. Dans son apologie, Zola, s'adressant au Maître, « un tableau pour vous, lui dit-il, c'est un simple prétexte à analyse », et, parlant de l'*Olympia* qui, à ses yeux, « résume l'art de Manet » et « est son chef-d'œuvre », « Qu'est-ce que cela veut dire? interroge-t-il, vous ne le savez guère, ni moi non plus [3]. »

(1) *Manet*, collection « *Maîtres de l'Art moderne* » 1924. p. 17, 33 et 34.
(2) *Op. Cit.*, p. 27.
(3) *Mes haines*, p. 359.

M. Camille Mauclair, à propos d'un autre tableau, qui a été, lui aussi, le prétexte d'étranges méprises, écrivait ces lignes : « Quand Manet croit peindre *Nana*, il ne fait qu'un beau morceau de peinture, sans signification psychologique, parce que, si moderniste que Manet se soit pensé, c'était avant tout un coloriste et un homme de mentalité simple et saine [1]. » On ne saurait mieux dire et ce qui est affirmé pour *Nana* s'applique à l'*Olympia* avec la même force. Manet, quand il peignait Olympia, a voulu essentiellement représenter le nu tel que son œil, sa sensibilité d'artiste en étaient touchés; il n'a pas, d'une façon consciente, poursuivi d'autre objet. Au temps où il fréquentait l'atelier de Couture, il avait peint une étude qui appartient à M. Th. Duret (Th. D. 2) et que celui-ci décrit ainsi : « femme couchée appuyée sur un gros oreiller blanc, le haut du corps nu, le bas recouvert d'une draperie blanche. Le bras droit recourbé, la main vers le cou... fond de paysage conventionnel. » Ce thème, ainsi entrevu, il le reprit sous des formes variées. *La Nymphe surprise*, l'eau-forte de *la Toilette*, le *Déjeuner sur l'herbe*, témoignent qu'avant de commencer l'*Olympia* et, peu de temps avant cette création, son imagination visuelle lui suggérait des compositions colorées où l'image de la chair nue, accompagnée de linges blancs, se détachait sur un fond sombre. Dans aucune de ces trois pages, on ne saurait découvrir ni pointe d'érotisme ni le soupçon d'une pensée perverse.

(1) Camille Mauclair. *De l'amour physique*, p. 141. MM. Laran et Lebas ont montré que *Nana*, refusée au Salon de 1877, n'avait pu être inspirée par le roman de Zola dont le premier chapitre ne fut écrit qu'en septembre 1878. (*Manet* col. L'art de notre temps, p. 90).

Un petit dessin préparatoire qui a figuré dans la collection Rouart affime bien une recherche purement plastique; la tête est indiquée par un simple ovale vide. C'est qu'elle a un rôle secondaire dans les préoccupations de l'artiste. Dans le portrait d'Emile Zola, on voit, accroché à la muraille, un camaïeu d'après *Olympia*. La tête est parfaitement insignifiante, dépourvue de toute expression. Les deux eaux-fortes confirment ces témoignages auxquels le bois ne contredit pas [1]; reprises libres, l'artiste a insisté, par des méthodes variées, sur ce qui lui tenait à cœur, c'est-à-dire sur la symphonie. La tête reste subordonnée et même, dans l'*Olympia* (M. N. 17), on pourrait, avec quelque complaisance, découvrir, sur le visage, une vague mélancolie sur laquelle, au reste, je ne pense pas qu'il faille insister. Une aquarelle[2] montre que Manet a songé à éclaircir le fond de la toile et qu'il a étudié l'effet que ce changement de gamme aurait produit; c'est à cet effet qu'il s'attachait.

Une étude de nu, dans un cadre choisi. Est-ce réduire l'œuvre de Manet que de la ramener à cet ordre où elle voisine avec les *Danaés*, les *Vénus* et les *Odalisques* de tant d'illustres maîtres? Mais, indépendamment même de sa valeur picturale, elle s'impose à nous parce que ce nu est d'une qualité particulière et neuve.

« Qu'est-ce que cette Odalisque au ventre jaune, s'écriait Claretie, ignoble modèle ramassé je ne sais où » et, dans une forme plus modérée : « Un méchant petit modèle d'atelier, écrivait Gonse, étale son indigente

---

(1) Ce bois a été, pour la première fois, publié par Th. Duret, *Histoire d'Edouard Manet*, 1902.

(2) Publiée dans l'*Histoire Générale de l'art français de La Révolution à nos jours* T. I. p. 116.

nudité. » Cette indignation ou ce mépris étaient naturels chez des hommes habitués à ne pas séparer le nu de l'idée d'élaboration, de choix, d'épuration des formes et de beauté voulue sinon convenue[1]. Mais ce qui les choquait est précisément ce qui fait la force de l'œuvre. Ce méchant petit modèle, Manet l'a peint avec la sincérité absolue de sa vision, sans le mélange d'esthétique préconçue, sans le souvenir d'aucune peinture. Il n'y a mis ni littérature, ni idéal, mais, par l'intensité même de sa transcription, il nous entraîne à dépasser ses intentions et à lui attribuer la volonté consciente de tout ce qu'à son insu il nous a livré. Les Romantiques avaient exalté le caractère des visages, il nous a révélé, — bientôt suivi par Degas, — l'intérêt de ces formes qui peuvent n'être ni belles, ni séduisantes mais qui nous retiennent parce qu'elles caractérisent les êtres qui vivent près de nous. Je demande à citer ici, bien qu'un peu longue, une page de M. Camille Mauclair, parce que, injuste envers Courbet, elle me paraît, pour Manet, d'une vérité parfaite. « Si Goya le premier a peint ce qu'on peut appeler le nu moderne, c'est-à-dire le nu envisagé au point de vue psychologique et non de la beauté des formes, rien de cette conception ne s'est retrouvé dans le romantisme, ni même dans le lourd

(1) C'est le sentiment qu'exprimait fort exactement Gilbert Hamerton dans le *Scribner's Magazine* : « Manet ne concevait pas assez la nécessité d'idéaliser le nu; il en résulte que sa figure a quelque chose de ridicule et même de peu décent, bien que le sujet ne soit, en aucun point, plus mauvais que ceux des anciens maîtres ». — Au Salon de 1868, Jules Lefebvre avait exposé une *Femme couchée*, qui, d'après la description d'Edmond About, était une riposte académique à l'Olympia : « Voici le morceau capital du Salon. C'est une parisienne de dix-huit à vingt ans, bien faite, bien portante et nue, ou plutôt déshabillée sur un lit de repos couvert d'un châle rouge, le réalisme contemporain n'a rien produit de plus complet si je ne me trompe ». Qu'est devenue *la Femme couchée* de Jules Lefebvre?

réalisme de Courbet, maçonnant avec une puissance vulgaire des chairs inexpressives de maritornes, peintes comme des natures mortes. Il faut en venir à l'*Olympia* de Manet pour trouver la volonté précise de reprendre les intentions de Goya : encore a-t-on fait trop de littérature baudelairienne à propos d'un tableau où Manet cherchait avant tout l'expression d'une technique nouvelle, en réaction simplicative et franche contre la fausse et fade divinisation du nu féminin par l'école dégénérée[1]. »

Il est hors de mon propos de défendre, ici, les figures puissantes par lesquelles Courbet assouvissait sa sensualité fruste et son génie plastique. En ce qui concerne Manet, les conclusions sont irréprochables. Oui, Manet, séduit par le caractère pictural de son modèle, Victorine Meurend, « l'étrange fille délicate et nerveuse aux membres graciles, à la chair épuisée », a cherché et réalisé un arrangement pittoresque dicté par de simples volontés d'harmonie. La négresse, le chat, le bouquet, le châle concourent avec le lit blanc, avec le fond sombre, et au même titre, à constituer une symphonie autour du corps d'*Olympia*. Cette symphonie est neuve parce que Manet, sans le désirer et sans s'en rendre compte, extériorisait sincèrement une vision originale. Voilà ce qu'il a voulu faire, cela uniquement et pas autre chose. Mais, involontairement, par cette faculté qu'il avait de se dégager de l'emprise des formules, par la force libératrice qui le rendait incapable de reprendre les conceptions traditionnelles de la beauté, par ce don magnifique qu'il portait en lui de sentir et de traduire pleinement la vie présente, il a surpris, dans

(1) Camille Mauclair *Op. cit.*, p. 129.

ce corps dénudé dont il scrutait le caractère visible,
tout un ensemble de secrets muets qu'il nous a livrés
par surcroît et sans s'y arrêter lui-même. De ces secrets,
poètes et littérateurs, amis et ennemis se sont emparés.
Ils ont imposé un nom à l'image et lui ont créé une
signification. Cette interprétation, l'œuvre s'y prêtait,
mais Manet ne l'avait pas voulue. Elle a reçu, du temps,
une importance historique, une consécration véritable.
Nous ne pouvons la négliger, non plus qu'il n'est loi-
sible à qui étudie les chefs-d'œuvre dramatiques,
d'oublier la façon dont Hamlet, le Misanthrope ou Tar-
tufe ont été compris par des acteurs de génie. Toutefois
il convient de ne par être dupes et nous devons distinguer, de l'*Olympia* telle qu'une collaboration multiple
nous l'a faite, l'œuvre que Manet avait entendu nous
livrer.

CHAPITRE VI

L'ÉVOLUTION
VERS LE PLEIN AIR

VI

Il y a trente ans, au moment où s'achevait la bataille pour l'impressionnisme, il y eut une tendance à ne voir en Manet qu'un précurseur. Dès lors les œuvres de la période espagnole se trouvaient sacrifiées. Manet ne devenait vraiment un maître que du jour où, avec *Argenteuil, En bateau, Chez le Père Lathuille,* il avait autorisé les formules nouvelles. Qu'il y eut là quelque injustice, il n'est pas nécessaire de le souligner. L'impressionnisme est aujourd'hui entré dans la phase historique, nos passions se portent ailleurs. Nous pouvons examiner Manet d'une façon plus désintéressée. Par une réaction à son tour excessive, M. Jacques Blanche ne cesse d'affirmer la supériorité de la période espagnole.

Ces années où Manet lui apparaît comme à Gustave Geffroy « un exécutant traditionnel de premier ordre, se servant avec une parfaite assurance des moyens de peinture découverts et appliqués par les maîtres [1] », furent-elles d'ailleurs si parfaitement distinctes des années qui suivirent? M. Théodore Duret était-il si totalement dans l'erreur quand il croyait découvrir, dès les premiers pas, une rupture véritable avec les traditions? Les contemporains, qui reconnurent d'abord en Manet un révolutionnaire, étaient-ils victimes d'une aberration?

[1] Gustave Geffroy, *La vie artistique* 3ᵉ série 1894, p. 137.

En réalité, chez Manet, selon la remarque de Duret, les formes d'emprunt n'ont jamais été, en définitive, que de surface. Il n'a demandé des concours que pour s'exprimer lui-même. Qu'on lui sache surtout gré d'avoir, à partir de 1878, préconisé le plein air ou qu'on préfère les œuvres peintes auparavant dans l'atelier, il faut reconnaître qu'il y a eu enchaînement et continuité dans ses efforts. La période espagnole porte en elle-même les années qui lui ont succédé.

Tous ceux qui ont étudié l'œuvre peint de Manet savent que le problème du plein air s'est posé pour lui de bonne heure. Dès le *Vieux Musicien*, dont les intentions vont rejoindre *Los Barrochos* de Velasquez, il s'était ingénié à rassembler librement dans la lumière un groupe de personnages. *La Musique aux Tuileries* et le *Déjeuner sur l'herbe*, tous deux exposés en 1863, témoignent d'un effort pareil. Qu'ils soient très loin du but, cela est pour nous évident; le parti pris très différent des deux pages, opposition véhémente de taches dans la *Musique*, tenue générale claire dans le *Déjeuner*, montre que Manet n'est pas arrivé à se créer une méthode. Dans les années suivantes, il semble qu'il perde de vue le problème; pourtant la petite *Course de taureaux* de la collection Durand-Ruel, peinte après 1865, atteste qu'il est sur la voie. Enfin, en 1870, lorsqu'il peint la famille de Nittis *Au Jardin*, il ouvre, pour l'art, une période nouvelle.

Depuis longtemps déjà, la méditation des estampes japonaises l'aidait à s'orienter. Il y trouvait un encouragement à ses tendances synthétiques et une invitation à éliminer les ombres pour faire chanter partout la couleur. Dès 1867, Zola notait une affinité certaine

entre sa peinture « simplifiée » et les gravures japonaises qui lui ressemblaient, remarquait-il, « par leur
élégance étrange et leurs taches magnifiques [1]. »

À ces témoignages l'examen des eaux-fortes et des
lithographies ajoute, il me semble, quelque chose. Pages
moins complètes, plus spontanées, véritables confidences, elles nous livrent les intentions intimes. Le
blanc et le noir, d'un maniement plus facile, présentent,
à réaliser les désirs de l'artiste, moins d'obstacles que la
peinture. C'est dans cet ordre que, bien des années
avant d'y réussir comme peintre, Manet manifeste les
audaces libératrices. Celles-ci sont traversées par des
tendances tout opposées. Manet est pris entre la conception traditionnelle du tableau, qui demande au clair-
obscur de sceller l'unité d'une composition, et ses
instincts qui le poussent à s'affranchir.

La tendance traditionnelle prévaut dans un grand
nombre d'eaux-fortes. Le premier état, nous l'avons
souvent noté, est exclusivement ou essentiellement une
eau-forte pure; il a un éclat, une luminosité qui répondent à notre sensibilité actuelle, une force qu'exalte
la sobriété. Manet reprend la page; par de nouveaux
travaux, surtout par l'aquatinte, il assigne au blanc sa
place qui est restreinte. L'ombre ou la pénombre enve-
loppent et envahissent la composition. Cette marche est
très sensible dans *le Guitarrero*, *la Toilette*, *le Christ
aux Anges*; Manet y suit, en somme, les traditions
de Caravage, de Ribera. Il ne les répudiera jamais
totalement. Quand on examine l'eau-forte de *Jeanne*,
mordue presque au terme de sa carrière, en 1882, on y
voit, d'une façon discrète, certes, mais évidente, ce

(1) Zola. *Edouard Manet*, réimprimé dans *Mes haines*, p. 345.

même souci, marqué par une teinte de tirage et par un grain d'aquatinte très léger, de concentrer la lumière, de substituer au jour réel et diffus, la répartition artificielle, soumise à la volonté souveraine de l'artiste, cet ordre cérébral que le génie de Léonard a imposé à la peinture européenne.

Mais, d'autre part, dans le temps qu'il paraît le plus soumis à cette discipline, le voici qui s'en évade presque brusquement. *Les petits Cavaliers*, *la petite Fille*, du cahier de 1862, et, par ailleurs, *le Ballon*, lithographié en 1861, nous révèlent, avant *le Déjeuner sur l'herbe*, et *la Musique aux Tuileries*, de singulières et neuves intentions, qui dépassent de beaucoup ce que les toiles peuvent nous offrir.

Les petits Cavaliers ont été gravés avec le désir essentiel d'exalter ce qu'il y avait de libre, de lumineux dans l'original. L'aquatinte y intervient à peine. Le sol est indiqué d'une façon tellement complexe qu'il perd son caractère d'unité solide pour se disperser lui-même en accidents. Les personnages sont dans l'espace, baignés par l'air, et dans cet air, les formes ont une tendance à se dissoudre. Les têtes surtout sont mangées par la lumière; celle du personnage qui lève son chapeau n'est qu'à peine suggérée. Le groupe du centre, tout entier, subit de curieux sacrifices. Par ailleurs, on peut admirer, dans le groupe de gauche[1], de beaux noirs veloutés mais ils ont peu d'importance au prix de ce que le reste nous révèle.

La petite Fille figurait parmi les comparses du *Vieux Musicien*. Elle souligne les instincts réalistes et les curiosités de Manet. « Manet, écrit M. Moreau-Nélaton,

[1] Au second état; dans le premier, ces costumes sont clairs.

LE BALLON

avait pris comme modèles les mendiants sordides
qui habitaient, dans le voisinage de la rue Guyot où
était son atelier, un bouge qu'on appelait la petite
Pologne. »

Malgré les inconvénients de cette fréquentation
parfois nauséabonde, l'artiste affectionnait, tel Rembrandt sa juiverie crasseuse, les types fortement accentués de cette famille de déshérités. S'il a choisi cet
enfant pour son caractère et pour ses haillons, ce n'est
pourtant pas le pittoresque que Manet a fait dominer
dans son eau-forte. La préoccupation de placer la
figure dans le plein air a dirigé son travail et il est
vraiment arrivé à donner une sensation d'espace [1].

J'ai, dans un précédent chapitre, comparé *le Ballon*
avec *la Musique aux Tuileries*. Les deux pages ont un
thème analogue : description d'une foule. Mais ces
foules ont une physionomie différente, et, à certains
égards, opposée. Le recueillement ou les allures
mesurées de personnes distinguées se traduit, on le
conçoit, autrement que le débraillé des gens simples
qui se livrent à la joie turbulente d'une foire. Mais ce
contraste nécessaire ne suffit pas à expliquer l'aspect
très différent des deux œuvres. Manet, dans la lithogra-
graphie, a été plus à l'aise que sur la toile. La composition est, dans les deux œuvres, étudiée avec un souci
d'équilibre, de symétrie, tout classique et plus artificiel
encore dans la litho que dans le tableau. Les premiers
plans sont traités d'une façon analogue, avec un luxe,
et peut-être, un abus de précisions. C'est dans les
lointains que la lithographie l'emporte. Seule elle
suggère l'espace. La cohue qui s'étend à perte de vue et

[1] Deux états : dans le deuxième, le tablier forme placard noir.

se dissout dans la lumière, les maisons devinées, les arbres, vagues silhouettes évaporées, elles aussi, dans l'ambiance, les oriflammes rongées par l'air, les mâts qui, en partie, semblent s'évanouir, toutes ces notations, très calculées sous leur aspect improvisé, sont dosées avec justesse et bonheur. Il y a là plus qu'un jalon.

L'eau-forte du *Buveur d'eau* me semble plus significative encore. Le bonhomme figure dans *les Gitanos*. Il apparaît également dans *les Petits Gitanos* (M. N. 61) planche décevante, sans doute abandonnée par l'artiste qui ne l'a pas poussée jusqu'à réalisation mais où l'on pourrait reconnaître l'orientation vers le plein air. *Les Gitanos* sont un morceau magnifique ; j'en ai proclamé toute la beauté savoureuse. Les taxer de timidité passerait pour un paradoxe et, pourtant, si l'on rapproche le buveur, tel qu'il y figure, de la planche où il est isolé, on est obligé de convenir que, dans cette reprise, Manet a marqué un progrès considérable. L'esprit des deux eaux-fortes n'est plus le même. *Les Gitanos* forment encore tableau ; le buveur y joue un rôle qui est subordonné et, cependant, il est désigné avec une insistance qui s'efface dans la page dont il est l'unique héros. C'est qu'ici, au désir de présenter un tout achevé selon l'esthétique établie, s'est substitué le besoin de livrer, dans son acuité, la sensation directe. Pour communiquer cette sensation, Manet simplifie le modelé, résume les indications, mais surtout, il évite de circonscrire la forme par une enveloppe continue. Le contour disparaît par endroits : une unité subtile relie les êtres et les choses au milieu aérien dans lequel ils sont plongés. La figure du gamin, son bras, montrent de ces échanges. La cruche, surtout, est présentée avec une liberté étonnante[1].

Du *Fumeur*, exposé en 1867, il existe deux eaux-fortes; l'une (M. N. 33), la plus poussée, est de conception traditionnelle. M. Moreau-Nélaton qualifie l'autre (M. N. 34) d'ébauche. Il se peut qu'il ait raison et la page, en effet, donne d'abord l'impression d'un travail interrompu. Mais il est possible aussi d'y voir une interprétation plus libre, plus lumineuse que dans la planche achevée. Cette présentation plus synthétique a aussi plus d'accent. La main qui pose sur le genou, suggérée avec brièveté, semble se perdre dans la lumière.

Nous arrivons à 1870 et voici l'extraordinaire *Queue à la boucherie* (M. N. 43). Ici les contours ont quasi totalement disparu. Dans le groupe où ils se pressent les personnages n'ont presque plus d'existence. Les parapluies déployés se confondent les uns avec les autres, taches éclatantes ou taches sombres. Ces pauvres gens attendent : ils sont sous un soleil éclatant ou sous une pluie diluvienne? J'avoue que sur ce point il y a équivoque. J'y crois voir, pour ma part, un effet de soleil, mais le soleil était-il si ardent, même à midi, dans l'hiver de 1870-71? Et puis, si c'était le soleil, il y aurait bien quelques personnes qui ne songeraient pas à s'abriter. Un

---

(1) Il est difficile d'évoquer le témoignage de trois planches, *Le Chanteur des rues* (M. N. 69), *Les Voyageurs* (M. N. 70), *La Posada* (M. N. 71), qui, selon toute vraisemblance, datent des années qui suivirent immédiatement 1860. Elles ne sont connues que par des photographies et, pour ma part, je n'en ai pris idée que par les reproductions de ces photographies publiées par M. Moreau-Nélaton. Une connaissance doublement indirecte rend des conclusions hasardeuses. Pourtant, il me semble reconnaître dans *Les Voyageurs* et *La Posada* une vélléité de plein air. M. Moreau-Nélaton donne *Le Chanteur des rues* comme « probablement un des premiers essais » de l'artiste, je crois y lire des indications très hardies de foule, la désignation de personnages presque évanescents dans l'espace.

parapluie trempé forme miroir. Un sol inondé est lumineux comme un sol brûlé. Pour le blanc et le noir, les expressions sont analogues. Il y avait pourtant, j'imagine, des moyens de préciser l'effet traduit. Manet a eu grandement tort de nous laisser dans l'embarras. Cette réserve faite, et je reconnais qu'elle est grave, il y a, ici, une hardiesse de présentation et de procédés dont n'approchait aucun morceau antérieur. Comme nous l'avons remarqué pour le *Ballon*, comme presque toujours devant les notations les plus elliptiques, il ne faut pas parler d'improvisation. La composition est très voulue. La baïonnette qui évoque la sentinelle à la porte de la boucherie, l'indication de l'entrée étroite de la boucherie même ont été soigneusement méditées. En regardant de très près ou avec une loupe, on se rend compte que, même dans le fond, à gauche, sous le griffonnage des traits courts et parallèles, les éléments du groupe ont été, avant d'être volontairement confondus, d'abord nettement analysés. La page est frappante, je dirais, en antidatant le terme de quelques années, franchement impressionniste.

Que, sinon dans le détail de la facture, au moins dans son aspect essentiel, elle doive beaucoup à la méditation des Japonais, cela ne fait aucun doute. Et pourtant, si l'on analyse le procédé, ces traits pressés, repris, presque jamais croisés, c'est encore les exemples de Goya que l'on retrouve. Tant il est vain de vouloir séparer les unes des autres, d'une façon absolue, les étapes de la carrière d'un artiste.

Les lithographies de 1871, *la Barricade, Guerre civile*, montrent Manet engagé décidément dans la poursuite du plein air. Les oppositions tranchées de

LA QUEUE A LA BOUCHERIE

lumière éclatante et d'ombre au premier plan de *Guerre civile*, ce modelé véhément par taches blanches et placards sombres ou noirs, les pavés, le tonneau crevé et le corps rigide du combattant mort, tout cela paraît d'autant plus vigoureux que la barricade même, à quelques mètres, la Madeleine et les maisons, dans le fond, à demi perdues dans l'irradiation de la lumière diffuse, se subordonnent en masses grises enveloppées dans l'atmosphère qui éteint les éclats vifs, éclaire les parties sombres, rapproche et assoupit les valeurs.

Désormais le témoignage des estampes n'est plus nécessaire. *Manet et sa famille*, en 1873, les toiles peintes sur la plage à Venise, *le Chemin de fer*, *le Linge*, *En bateau*, *Chez le Père Lathuille* n'ont nul besoin d'un commentaire auxiliaire. Les estampes, d'ailleurs, deviennent rares; leur examen, pourtant, ne perd pas tout intérêt.

L'illustration du *Fleuve*, en 1874, présente comme fleuron *une libellule* (M. N. 23) d'une sensibilité et d'une venue toute japonaises. Pour deux des eaux-fortes, *la Montagne* (M. N. 24) et *l'Arche* (M. N. 28), il existe des variantes, planches gravées dont Manet ne s'est pas trouvé satisfait. Le cuivre de *l'Arche* (M. N. 75) a été abîmé et les épreuves maculées rendent difficile une comparaison avec l'image définitive. Cependant il est visible que le premier dessin était plus complexe, le ciel était encombré de travaux dont il a été libéré; c'est dans le sens de la brièveté, pour donner un effet plus franc, que l'artiste a fait mordre un second cuivre.

Confronter les deux aspects successifs de *la Montagne* est tout à fait suggestif. La première version (M. N. 47) a quelque chose d'hésitant et de mou. Le croquis est mesquin. Dans la page définitive, Manet a adopté un parti; des traits espacés parallèles, sans croisements, confèrent, à l'image, de l'autorité, donnent une impression de grandeur; en même temps la page s'allège, l'air y circule. Manet a rendu l'effet qu'il cherchait et il témoigne sa satisfaction en appliquant le même système à *la Haute Vallée* (M. N. 25). Très sobre, maintenue, par le caractère des travaux, dans la lumière, la composition est établie avec un sens d'équilibre et de rythme d'un caractère tout classique, et cette intention,

LA MONTAGNE

assez rare chez Manet, vient encore ajouter à la sensation d'espace.

C'est avec un esprit tout différent que l'artiste, dans sa lithographie, *les Courses*, essaye de traduire sur la pierre l'allure vertigineuse des chevaux et l'agitation d'une foule frénétique. Mise en page, exécution, tout ici est commandé par le désir de donner un « instantané ». L'image est frémissante comme le spectacle qu'elle évoque. Un crayonnage impatient, des notes succinctes, de simples frottis donnent une allure de croquis bâclé. Mais, comme toujours, cette apparence est fausse. En réalité, Manet a joué, en virtuose, des ressources que la lithographie lui offrait : du noir aux gris légers, ces traits, au premier abord négligemment jetés, ont été dosés avec une précision singulière. L'artiste a suggéré le mouvement, l'espace libre, les flots de poussière. Le peloton des cavaliers est sommaire et très riche; à le regarder de très près ou à la loupe on reconnaît que chaque jockey, chaque cheval a sa silhouette propre. Il y a, à droite, un cheval en train de tourner, dont le jockey se penche pour aider à l'évolution, qui est fait de rien et qui est d'une admirable justesse.

Il ne nous reste plus à examiner que l'eau-forte gravée d'après le « parfait tableau de *Jeanne*[1] », que nous avons revu avec joie au Pavillon de Marsan, en juin 1925, à l'Exposition des *Cinquante années de Peinture française*. Manet, je l'ai observé, y a, encore à cette date, marqué une concentration de lumière qui s'accorde avec les pratiques reçues du clair-obscur. Cette intention existe dans la toile mais elle y est moins apparente. L'artiste, d'ailleurs, n'a pas cherché à conserver l'ampleur d'effet, l'admirable sensualité de son tableau. Il a voulu, non sans quelque maigreur, en préserver, avant tout, le caractère lumineux. Evocation elliptique, les plantes, les feuillages, qui, sur la toile, gardent leur vie distincte, les fleurs du chapeau, les dispositions de la robe, toutes ces particularités sont rapidement suggérées. La figure est simplifiée. L'eau-forte, par elle-même et plus encore, peut-être, par ses intentions, est beaucoup plus moderne que tout l'œuvre antérieur. Image aimable, primesautière, où l'artiste semble s'être exprimé librement, sûr de lui, avec une fraîcheur de sensibilité et un bonheur d'expression qui baignent de jeunesse une œuvre exécutée à la veille de la mort.

---

[1] Le mot est de M. Louis Dimier. *Histoire de la peinture française au xix⁰ siècle*, p. 215.

CHAPITRE VII

L'IMPASSIBILITÉ DE MANET

« Je crois pouvoir affirmer, écrivait Zola en 1867, que Manet n'a jamais fait la sottise commise par tant d'autres de vouloir mettre des idées dans sa peinture [1]. » Au lendemain de la mort de l'artiste, Gonse, de son côté, disait dans la Gazette des Beaux-Arts [2] : « à vrai dire, le sujet n'existe pas aux yeux de Manet », et il déplorait qu'il eût été « impossible à l'artiste de s'élever... de la sensation à l'idée. »

Cette impassibilité ou cette indifférence, objet de félicitations et de blâme, était-elle un fait si parfaitement établi? Sur ce point encore, avec les tableaux, je demande à produire le témoignage des estampes.

Que les amis de Manet, au temps de ses débuts, aient éprouvé le besoin de le différencier le plus nettement possible de Courbet, que Manet lui-même n'ait pas été étranger à cette préoccupation, cela apparaîtra tout naturel. Courbet inspiré par Proudhon, avait proclamé, avec fracas, la portée sociale de l'œuvre d'art. Manet déclarera donc que l'art n'a à jouer aucun rôle. Il est ami de Baudelaire, lié également avec Courbet, mais bien plus proche de lui par tout un ensemble d'affinités. Or Baudelaire proclame la sérénité souveraine, l'impassibilité de

(1) Zola. *Edouard Manet* in *Mes haines*, p. 344.
(2) 1884, p. 150.

la beauté et l'indépendance absolue à l'œuvre d'art.

> *Je suis belle, ô mortels! comme un rêve de pierre...*
> *J'unis un cœur de neige à la blancheur des cygnes...*
> *Et jamais je ne pleure et jamais je ne ris.* [1]

La nouvelle génération de poètes, en réaction contre le lyrisme romantique, refuse de se livrer. Théodore de Banville, autre ami de Manet, se pique d'être un pur artiste et Leconte de Lisle, escorté des Parnassiens, impose à son art un calme olympien. Les artistes novateurs qui grandissent autour de Manet ou qui, plus jeunes de quelques années, entrent successivement en lice après lui, pratiquent, presque tous, l'indifférence pour les idées ou pour le drame. Degas fait transparaître comme malgré lui ses dédains ou ses amertumes. Claude Monet, Sisley sont attentifs uniquement aux spectacles; Cézanne est un peintre pur. Pissaro, plus humain, évite de nous attendrir sur les paysans dont il dit les gestes.

Manet leur ressemble presque toujours. Il paraît seulement occupé aux problèmes spécifiques de la peinture. Ce qu'il livre au public, ce n'est pas une âme de sensibilité particulière, un cerveau aux intuitions fulgurantes ou aux spéculations profondes : il propose une vision d'une qualité exceptionnelle et des méthodes inédites pour réaliser ses impressions visuelles. D'ailleurs l'homme bien élevé, réservé, le gentilhomme qu'est ce peintre révolutionnaire, a une sorte de pudeur qui lui commande de s'effacer derrière son œuvre et lui interdit de faire des confidences au premier venu, à la foule, à l'inconnu qui s'arrêtera devant la toile.

[1] *Les Fleurs du Mal* XVIII. *La Beauté*

Oui, mais Manet n'est pas un homme tout d'une pièce et il est tout le contraire d'un théoricien; incapable d'adopter une attitude pour rester d'accord avec une théorie. « Il a laissé les choses agir sur lui, il n'a pas eu la prétention d'agir sur les choses. » Jamais il ne s'est dit : « Je serai impressionniste, naturaliste, moderniste. » Et il a été plus impressionniste, plus naturaliste, plus moderniste qu'aucun de ses contemporains, parce que son esprit n'était pas troublé par les préjugés de système et par les théories préconçues[1]. » Ces lignes d'Antonin Proust sont l'expression rigoureuse de la vérité.

La préface que Manet écrivait pour le catalogue de son Exposition particulière en 1867, est, en ce point, caractéristique et décisive. Elle ne présente aucune idée d'esthétique dogmatique. Il y revendique le droit d'être sincère et le droit, étant sincère, de soumettre ses ouvrages au public. « M. Manet a toujours reconnu le talent là où il se trouve et n'a prétendu ni renverser une ancienne peinture, ni en créer une nouvelle. Il a cherché simplement à être lui-même et non un autre. » Qu'un artiste, au moment où il prenait, dans une circonstance pour lui solennelle, contact avec le public, s'en soit tenu à une déclaration aussi simple, qu'il n'ait pas eu l'idée même d'énoncer des principes, cela mérite d'être médité.

Il ne faut donc pas être surpris si Manet, entraîné par une émotion, a pu, à certaines heures, sortir de la réserve qui lui était naturelle et manifester une âme passionnée.

Comme peintre, à vrai dire, je ne vois qu'une œuvre où Manet se soit livré, mais elle est essentielle, c'est

(1) Antonin Proust. *Edouard Manet*, p. 146.

l'Exécution de Maximilien. On sait combien cet événement tragique l'avait ému, avec quelle avidité, il avait cherché à s'informer. Il voulut savoir comment le drame s'était accompli, plaça les victimes, comme elles l'avaient été, à quelques pas à peine du peloton d'exécution. L'intérêt qu'il portait à son œuvre se témoigne par le fait qu'il l'a reprise par trois fois.

J'ai déjà remarqué, à propos de la lithographie par laquelle il traduisit son tableau, qu'en réaction contre le romantisme, il avait affecté de donner à sa narration le caractère impassible d'un procès-verbal. L'effet n'en est que plus véhément. « *L'Exécution de Maximilien*, écrivait Gustave Geffroy en 1894, est un drame absolument franc et farouche, une page d'histoire racontée avec la plus simple éloquence. On n'oubliera plus ce peloton d'exécution, ces victimes, ce cimetière étagé, ces têtes de spectateurs à la crête de la muraille [1]. »

Entrait-il dans les sentiments de Manet une pensée d'opposition politique? Volontairement ou non, — ainsi jadis Géricault quand il avait peint le *Naufrage de la Méduse*, — il se trouva faire acte de polémique. Le gouvernement interdit d'exposer *l'Exécution*. Manet s'irrita; il laissa promener son tableau à travers les villes des États-Unis, et, pour le faire connaître quand même en France, il dessina sa lithographie qui, nous l'avons vu, fut interdite à son tour.

Manet peintre ne devait pas renouveler ce geste de réaliste militant. Il resterait comme un épisode unique et l'on serait amené à n'y voir qu'une fièvre passagère tout exceptionnelle si nous n'avions pas les deux lithographies, *la Barricade* et *Guerre Civile*. Manet avait

(1) *La vie artistique*, 6e série, p. 124.

L'EXÉCUTION DE L'EMPEREUR MAXIMILIEN

eu, depuis longtemps, la vision et l'horreur des luttes fratricides. Aux journées de juin 1848, il avait accompagné Antonin Proust et le frère d'Antonin, Henri, qui était garde national, dans une reconnaissance du côté du faubourg Saint-Antoine, et, après avoir essuyé quelques coups de feu, il était arrivé au faubourg au moment où l'on rapportait le corps de Monseigneur Affre[1].

Lors du coup d'état, sa curiosité faillit lui être funeste. Il s'aventura sur les boulevards avec Antonin Proust au moment où l'on venait de fusiller des promeneurs sur le perron de Tortoni. « Une charge de cavalerie, raconte Proust, s'engouffra dans la rue Laffite, balayant tout sur son passage. Le marchand de tableaux Beugniet nous recueillit en nous tirant dans sa boutique entr'ouverte. Il n'était que temps[2]. » Il assista, couché à plat ventre sur la chaussée, à la canonnade de la maison Sallandrouze sur le boulevard Poissonnière et fut arrêté, relâché d'ailleurs aussitôt. Avec ses camarades d'atelier, il alla au cimetière Montmartre défiler devant les cadavres. De ce spectacle lugubre il avait, dit Antonin Proust, fait un dessin, mais, par un trait de caractère qui ne nous surprend pas, il se refusait à le montrer.

Vingt ans plus tard, la Commune lui livrait des spectacles d'une épouvante agrandie, et nous savons par Duret que, cédant aux mêmes impulsions, il voulut les voir. Cette fois-ci il ne put se défendre d'extérioriser ses impressions; *la Barricade* et *Guerre Civile* attestent, avec son génie d'artiste, sa révolte d'homme. On peut

(1) Antonin Proust. *Edouard Manet*, p. 11-12.
(2) Antonin Proust. *Edouard Manet*, p. 11-12.

imaginer qu'en fixant la scène qui s'offrait à ses yeux, il s'est senti ressaisi par ses émotions anciennes. *Barricade* et *Guerre civile*, ces termes généraux ont leur signification. Il n'a pas voulu caractériser la Commune, non plus que juin 1848 ou le 2 décembre, c'est l'horreur de toute lutte intestine qu'il nous a dénoncée. J'ai décrit ces deux pages, je n'y reviendrai pas.

Peut-être, en un ordre tout différent, pourrait-on, en feuilletant les eaux-fortes, y trouver des témoignages discrets de sensibilité. Il y a, dans le *Liseur*, plus qu'une étude de personnage éclairé par une lampe. Manet avait de la sympathie pour le pauvre diable, vaincu de la vie, qui lui a servi de modèle. C'était un de ses voisins, il lui venait en aide discrètement. Cette sympathie, si je ne me trompe pas, transparaît dans l'image : elle donne l'impression du recueillement, de la paix, sinon du bonheur que dispense l'étude, repos qui s'accroît sur le déclin de l'âge.

Le caractère humain est plus marqué encore dans la *Convalescente*. Ce pauvre visage amaigri, cette expression de fatigue et de résignation, ces gestes usés, la main que l'on devine exsangue, toute la tristesse incluse dans cette atmosphère assoupie, dégagent une mélancolie sur laquelle une âme sensible était, seule, capable d'appeler notre commisération.

Manet malade avait, nous dit Antonin Proust, la vélléité de peindre un Christ en croix : « Le Christ en croix, quel symbole! se serait-il écrié, on pourra se fouiller jusqu'à la fin des siècles, on ne trouvera rien de semblable. La Minerve, c'est bien, la Vénus, c'est bien. Mais l'image héroïque, l'image amoureuse ne vaudront jamais l'image de la douleur.

Elle est le fond de l'humanité, elle en est le poème. »

Il avait depuis longtemps représenté l'Homme de Douleur, peint et, nous le savons, gravé le *Christ aux anges*.

Remarquons que, s'il ne se contraignait pas systématiquement dans l'impassibilité, peintre de la vie moderne, il ne s'emprisonnait pas non plus dans le réalisme. Un artiste médiocre, qui fut un homme d'esprit, Henri Detouche a écrit ceci dans ses *Propos d'un Peintre* « Les contradictions abondent chez l'homme. Comme je me trouvais un soir au café de la Nouvelle Athènes, Manet me dit à la suite d'une discussion : « Entreprendre un tableau d'histoire d'après les Chroniques du temps, c'est vouloir faire le signalement d'un individu sur le signalement de son passeport. » Et de Paris, il fit la mort de Maximilien à Queretaro[1]. »

L'anecdote est piquante et Manet a pu tenir le propos qui lui est prêté. Soyons assuré qu'il était sincère à ce moment et reconnaissons qu'il a presque toujours agi conformément au principe qu'il énonçait. Mais, encore un coup, il ne ressemblait en rien à Courbet : il ne vaticinait pas, ne prenait pas pour des oracles ses propos de café. Les mots, au reste, ne prévalent pas contre les œuvres, et les pages que nous venons d'évoquer disent assez la souplesse et la liberté de son esprit.

Il n'apparaîtra pas moins puissant et, à quelques uns, il sera plus sympathique parce qu'à certaines heures, dans *Guerre Civile*, l'*Exécution de Maximilien*, le *Christ aux anges*, la *Convalescente*, il a laissé transparaître une sensibilité qui s'est dissimulée d'ordinaire et que, parfois sans doute, il a volontairement refoulée.

(1) Cité par Jules Claretie, *La vie à Paris* in *Le Temps*, 28 mars 1912.

CONCLUSION

Au lendemain de la mort de Manet, Philippe Burty, dans la *République française*, le 3 mai 1883, en évoquant son art, rappelait en termes heureux l'œuvre gravé [1]. Mais l'année suivante, Emile Zola, lorsqu'il écrivait la Préface du Catalogue de l'Exposition organisée à l'Ecole des Beaux-Arts, ne trouvait à dire, au milieu d'un panégyrique ému, qu'une phrase banale sur les eaux-fortes [2] et ne faisait même pas allusion aux lithographies. Bazire illustrait son livre enthousiaste de reproductions de dessins, de lithographies, d'eaux-fortes et même de deux eaux-fortes originales, mais, dans son texte, il ne consacrait aux eaux-fortes que quelques lignes vagues suivies d'une liste imparfaite. Sur les lithographies, il se montrait plus elliptique encore. Manifestement il ne s'intéressait guère à ces œuvres dont il ne soupçonnait pas l'intérêt et reconnaissait à peine le caractère [3].

Les années se sont écoulées et, parmi les écrivains admirateurs de Manet, la plupart ne se sont pas montrés

---

(1) Un précieux recueil factice des articles nécrologiques consacrés à Manet est conservé à la Bibliothèque d'Art et d'Archéologie. Plusieurs de ces articles rappellent que Manet était peintre et aquafortiste. L'un deux, signé Gustave Gœtschy, dans la *Vie Moderne*, 12 mai 1883, est accompagné d'une reproduction de *l'Enfant à l'épée*.

(2) « Enfin il a laissé des eaux-fortes d'une grande vigueur et d'une grande délicatesse ». La préface est reproduite dans le livre d'Antonin Proust, p. 149.

(3) Chapitre XXIII. *Eau-forte et pastel*. « J'ai dit en passant qu'il maniait souvent le burin. En effet il laisse un grand nombre de gravures... les planches sont d'une rare sûreté de trait, et il obtient des résultats la plupart du temps remarquables ». P. 114. Ailleurs Bazire écrit que Manet « se délassait en maniant le burin d'une main leste. » p. 56. Il prend *Polichinelle* pour une lithographie gouachée, p. 84.

plus curieux. En 1901, M. Gustave Geffroy, qui aime Manet peintre et n'a pas manqué une occasion de lui rendre hommage, étudiait l'exposition centenale et décennale de l'Estampe[1]; après avoir mis en lumière les maîtres de l'eau-forte contemporaine, il se bornait à comprendre Manet dans une énumération sèche de vingt-six noms. Il ne le citait même pas dans l'histoire de la lithographie.

Meier Graefe, dans sa remarquable étude, en 1902, Camille de Sainte Croix, dans son panégyrique déclamatoire en 1909, Gabriel Séailles, en 1910, restent muets sur l'œuvre gravé. Hier encore, M. Jacques Blanche, dans le livre passionné qu'il vient de consacrer à Manet, ne fait état ni de ses eaux-fortes ni de ses lithographies; il ne leur accorde aucune place parmi les reproductions, d'ailleurs choisies avec grand soin, qui illustrent son ouvrage.

Combien plus avisés les collectionneurs. Dès la vente des 4 et 5 février 1884, certaines pièces avaient été disputées et avaient obtenu des prix intéressants[2].

La vente de la collection Degas, formée par l'ancienne collection Philippe Burty, a donné lieu à des enchères sensationnelles[3]. Les Manet sont recherchés, sans connaître d'ailleurs les cotes formidables atteintes par les

(1) *La vie artistique*, 7ᵉ série 1901, IX.

(2) On en trouvera un relevé dans le numéro spécial du *Journal des Curieux* consacré à Manet en 1907 : *Le Christ aux Anges*, 145 francs, *Chapeau et Guitare*, 200 francs, *Lola de Valence*, 125 francs, *la Barricade*, 77 francs, *les Courses*, 70 francs, *l'Exécution de Maximilien*, 45 francs, *Polichinelle*, 265 francs, l'affiche du *Rendez-vous des chats*, 200 francs.

(3) Voici quelques prix qui m'ont été obligeamment communiqués par M. Loys Delteil : *Olympia* (M. N. 37, I) 1.650 francs, *Le Ballon*, 4.100 francs, *Polichinelle*, 535 francs, *Le Guitarrero*, 1ᵉʳ état, 1.256 francs.

Dans une autre vente récente, *les Courses* ont été adjugées 2.650 francs.

Degas ou les Méryon. Les épreuves exceptionnelles atteignent des prix élevés [1].

Sans doute les chiffres ont peu de signification. Ils sont dus, en partie tout au moins, à la rareté des pièces, à la spéculation, au snobisme. Pourtant ce mouvement ne se serait pas produit s'il n'avait un prétexte artistique et nous devons tout au moins tenir compte de la qualité de ceux qui l'ont autorisé. Baudelaire, Burty, Degas, Roger Marx, M. Moreau-Nélaton, sont des parrains dont on ne peut méconnaître le poids. En leur compagnie, l'admiration ne risque pas de s'égarer.

J'ai essayé, dans ce modeste livre, d'attirer l'attention sur des pages trop généralement méconnues, j'ai tenté de marquer leur signification propre, je me suis efforcé de les faire concourir à la connaissance du génie de Manet même.

Je crois avoir parlé avec mesure et sans enfler la voix; j'observerai ce ton jusqu'au bout.

Je ne pense pas qu'il y ait lieu d'attribuer aux estampes de Manet une influence sensible sur l'art contemporain. Leur faible diffusion, le silence qui a régné autour d'elles les a privées de rayonnement. Eussent-elles été plus connues qu'elles n'auraient pu agir davantage. Du point de vue technique, les eaux-fortes, par la personnalité des méthodes, ne pouvaient guère être imitées, et, en certains points, dans l'usage de l'aquatinte, il n'était pas à désirer qu'elles le fussent. La technique des lithographies était, par contre, capable de se communiquer, mais elle n'était en somme, que la reprise des pratiques

---

(1) En 1925, des épreuves ordinaires se vendent, chez les marchands d'estampes et dans les ventes publiques, de 100 à 300 francs. Les états rares sont cotées 1.500, 2.000, 2.500, et au-delà.

traditionnelles. Quand M. Vlaminck prend le crayon lithographique, continue-t-il Manet ou ceux qui l'ont précédé?

Par leur inspiration, leur caractère, leur saveur, eaux-fortes et lithographies ont toujours un je ne sais quoi d'incommunicable. Elles sont des sujets de méditation, des stimulants capables de susciter des énergies; il serait vain de leur demander des leçons directes. Par ces caractères elles s'apparentent à toutes les autres productions de Manet. L'étude des eaux-fortes et des lithographies confirme le témoignage des dessins, des aquarelles, des peintures, ou des pastels. Personnalité d'une puissance extraordinaire, animé par un instinct, plus fort que toute volonté, qui l'obligeait à s'exprimer sans ménagement ni réticence, Manet s'est servi des techniques comme de moyens sans s'asservir à aucune formule. Il n'a pas cherché à être chef d'école; il ne peut être inscrit dans aucune catégorie définie. Il est un exemple et ne peut-être un modèle. Son œuvre demeure exceptionnel, et il retient notre admiration parce qu'écrit de bonne foi, il est, avant tout, le miroir d'une haute conscience artistique et le jaillissement magnifique d'un tempérament.

TABLE ALPHABÉTIQUE
DE L'ŒUVRE GRAVÉ ET LITHOGRAPHIÉ

Les chiffres renvoient aux pages; les caractères en italique indiquent les pages où les œuvres sont spécialement analysées ou les états décrits.

I. — EAUX-FORTES

M. Moreau-Nélaton a distingué les pièces publiées dans le cahier de 1862 (M. N. 2 à 12), dans le recueil de 1874 (M. N. 1 à 5, 9, 12 à 14), dans les tirages Dumont et Strölin (M. N. 1 à 5, 9 à 14, 31 à 46) et celles que Manet a gravées pour illustrer des livres, de celles demeurées inédites (M. N. 48 à 75.)

Nous adoptons ici l'ordre alphabétique :

Au Prado, première planche (M. N. 62). — Sans T. C. : H. 0,222. L. 0,155 [1]. — P. 41, 51, *53.*

Au Prado, seconde planche (M. N. 63). — Sans T. C. : H. 0,180. L. 0,118. — P. 51, *53.*

---

(1) *Les dimensions que nous indiquons sont celles de la partie gravée. Pour les planches que nous n'avons pu mesurer directement, nous citons les dimensions qui figurent dans le catalogue de M. Moreau-Nélaton.* Note des éditeurs.

Le Bailarin (M. N. 31). — T. C. : H. 0,256. L. 0,156. — P. 27, 51.

Baudelaire de face, première planche (M. N. 58). — Sans T. C. : H. 0,103. L. 0,083. — P. 51, *73*.

Baudelaire de face, seconde planche (M. N. 16). — Sans T. C. : H. 0,173. L. 0,106. — P. 51, *73*.

Baudelaire de profil, première planche (M. N. 40). — Sans T. C. : H. 0,130. L. 0,075. — P. 51, *74*.

Baudelaire de profil, seconde planche (M. N. 15). — Sans T. C. : H. 0,107. L. 0,76. — P. 51, 52, *74*, 100.

Berthe Morisot [1] (M. N. 41). — Sans T. C. : H. 0,118. L. 0,079. — P. 50, 72.

Bracquemond (M. N. 60). — Sans T. C. : H. 0,169. L. 0,112. — P. 51, 72.

La Bulle de savon (M. N. 36). — T. C. : H. 0,194. L. 0,161. — P. 60.

Le Buveur d'absinthe (M. N. 8). — T. C. : H. 0,248. L. 0,143. — P. 50, *61*, 70, 115.

Le Buveur d'eau (M. N. 32). — T. C. interrompu : H. 0,179. L. 0,135. — P. 36, 42, 46, 64, 116, *144*.

Chapeau et Guitare [2] (M. N. 1). — T. C. : H. 0,323. L. 0,230. — P. 29, 51.

Le Chat et les Fleurs (M. N. 19). — Sans T. C. : H. 0,171. L. 0,127. — P. 51, 68.

Les Chats (M. N. 43). — Sans T. C. : H. 0,179. L. 0,219. — P. 32, 51, 68.

Le Christ aux Anges (M. N. 59). — T. C. : 0,325. L. 0,280. — P. 52, 58, *59*, 118, 141, 159.

La Convalescente (M. N. 21). — Sans T. C. : H. 0,122. L. 0,113. — P. 63, *66*, 158, 159.

---

(1) *Par une inadvertence, dont l'auteur s'excuse, le nom de Berthe Morisot a été estropié p. 31, 50, 70, 72, 84, 85, 86 et 103.*

(2) *Contrairement à ce que j'ai avancé, p. 29 et 30, ce frontispice ne fut pas publié avec le Cahier de 1862. Au 2ᵉ état, les dimensions de la planche, sans T. C., ne sont plus que : H. 0,229. L. 0,217.*

____

(1) *La 2ᵉ et la 3ᵉ planches sont signées.*

Le Fumeur a gauche (M. N. 34). — Sans T. C. : H. 0,239. L. 0,154.
— P. 51, 63, 145.

Le Gamin (M. N. 11). — Sans T. C. : H. 0,205. L. 0,147. — P. 30,
31, *60*, 64, 85, 115, 118.

Le Garçon et le Chien (M. N. 10). — T. C. : H. 0,202. L. 0,138 [1].
P. 60, 70.

Les Gitanos (M. N. 2). — T. C. : H. 0,284. L. 0,206. — P. 22, 29,
30, 36, *63*, 64, 115, 116, 118, 144.

Le Guitariste [2] ou Guitarrero (M. N. 4). — T. C. : H. 0,297.
L. 0,242. — P. 30, 31, 55, *62*, 141.

L'Infante Marguerite (M. N. 14). — T. C. : H. 0,162. L. 0,147. —
P. 31, 51, 54, 115, 116, 118.

Jeanne (M. N. 47). — T. C. : H. 0,156. L. 0,108. — P. 32, 41, 51,
70, 141, *149.*

Le Lapin (M. N. 64). — Sans T. C. : H. 0,134. L. 0,101. — P. 35,
51, *61.*

Le Liseur (M. N. 57). — Sans T. C. : H. 0,163. L. 0,121. — P. *52,*
70, 158.

Lola de Valence (M. N. 3). — T. C. : H. 0,236. L. 0,158 [3]. —
P. 29, 30, 35, 44, 56, *57,* 65, 70.

Manet père, première planche (M. N. 50). — Sans T. C. : H. 0,175.
L. 0,115. — P. 51, 71.

Manet père, seconde planche (M. N. 51). — Sans T. C. : H. 0,186.
L. 0,155. — P. 71.

La Marchande de Cierges (M. N. 56). — T. C. interrompu :
H. 0,305. L. 0,197. — P. 29, *67.*

Marine (M. N. 39). — T. C. : H. 0,124. L. 0,181. — P. 51, 67.

Le Montreur d'Ours (M. N. 65). — Sans T. C. : H. 0,187. L. 0,268.
— P. 41, 51.

L'Odalisque (M. N. 20). — T. C. : H. 0,128. L. 0,199. — P. 51, 65.

(1) *Sans T. C. dans le premier état.*
(2) *Le cuivre du Guitariste est conservé au Cabinet des Estampes de la
Bibliothèque Nationale.*
(3) *La planche ne mesure plus que 0,230 de haut dans le 3e état.*

Olympia [1], première planche (M. N. 17). — Sans T. C. : H. 0,088.
  L. 0,203 [2]. — P. 31, 44, 45, 55, 57, *58*, 67, 70, 123, 128, 133.

Olympia, seconde planche (M. N. 37). — T. C. interrompu : H. 0,131.
  L. 0,184. — P. *55*, 128, 133.

La petite Fille (M. N. 12). — Sans T. C. : H. 0,205. L. 0,118. —
  P. 30, 31, 64, 115, 118, 142, *143*.

Les petits Cavaliers (M. N. 5). — Sans T. C. : H. 0,239. L. 0,382.
  — P. 54, *142*.

Les petits Gitanos (M. N. 61). — Sans T. C. : H. 0,196. L. 0,139.
  — P. 51, 144.

Philippe IV (M. N. 6). — T. C. : H. 0,315. L. 0,197. — P. 31, 51,
  52, *54*.

Le Philosophe (M. N. 35). — T. C. : H. 0,273. L. 0,162. — P. 42,
  43, 51, 70, 115, 116, 118.

La queue a la Boucherie (M. N. 45). — T. C. interrompu : H. 0,169.
  L. 0,147. — P. 36, 42, 51, 67, *145*.

Le Rêve du Marin, première planche (M. N. 67). — Sans T. C. :
  H. 0,238. L. 0,159. — P. 51, 76.

Le Rêve du Marin, seconde planche (M. N. 42). — Sans T. C. :
  H. 0,238. L. 0,159. — P. 51, 65, 76.

Rouvière [3] (M. N. 38). — T. C. : H. 0,300. L. 0,160. — P. 42, 50, *73*.

Silentium (M. N. 22). — T. C. : H. 0,182. — L. 0,152. — P. 27, *51*, 54.

La Toilette (M. N. 9). — T. C. interrompu : H. 0,275. L. 0,210. —
  P. 44, 50, 65, 66, *67*, 132, 141.

Le Torero mort (M. N. 13). — T. C. : H. 0, 97. L. 0,19. — P. 45,
  59, *60*, 88, 110, 115, 118.

---

(1) *Au dernier moment, j'apprends par M. Le Garrec, qu'il existe un état intermédiaire entre le 1er et le 2e ; cet état porte trois marques d'étau dans la marge de droite, et sur le bouquet, des travaux ont été ajoutés qui ne figurent pas au 1er état.*

(2) *La planche ne mesure plus que 0,176 de large dans le 4e état.*

(3) *Je tiens, de M. Le Garrec, que l'état inédit auquel j'ai fait allusion, p. 73, n. 1 est avant la signature avec le fond plus clair ; il a figuré dans la collection Hazard.*

Eaux-fortes disparues citées par M. Moreau-Nélaton, d'après des
  photographies :

Le Chanteur des rues (M. N. 69), p. 145.

L'Homme au Chapeau de paille (M. N. 68), p. 145.

La Posada (M. N. 71), p. 145.

Les Voyageurs (M. N. 70), p. 145.

II. — LITHOGRAPHIES [1]

Le Ballon (M. N. 76). Sans T. C. : H. 0,395. L. 0,510. — P. 82, *89*,
  90, 91, 142, *143*, 146.

La Barricade (M. N. 82). Sans T. C. : H. 0,462. L. 0,335. — P. 83,
  86, 87, 146, 156, 157, 158.

Berthe Morisot, première pierre (M. N. 83). — T. C. : H. 0,205.
  L. 0,141. — P. 83, 85, *86*.

Berthe Morisot, seconde pierre (M. N. 84). — Sans T. C. : H. 0,218.
  L. 0,164. — P. 83, 85, *86*.

Les Courses (M. N. 85). — Sans T. C. : H. 0,385. L. 0,510. — P. 84,
  89, *90*, *148*.

L'Exécution de Maximilien (M. N. 79). — T. C. : H. 0,330. L. 0,432.
  — P. 83, 86, *87*, 156, 159.

Le Gamin (M. N. 86). — T. C. : H. 0,286. L. 0,227. — P. 83, *85*

Guerre civile (M. N. 81). — Sans T. C. : H. 0,398. L. 0,510. —
  P. 83, 86, 87, *88*, 146, 147, 156 à 159.

Lola de Valence (M. N. 77). — Sans T. C. : H. 0,230. L. 0,210.
  — P. 82, 84.

Plainte Moresque (M. N. 78). — Sans T. C. : H. 0,200. L. 0,190.
  P. 82, 84, *85*.

Polichinelle [2] (M. N. 87). — Sans T. C. : H. 0,462. L. 0,335. —
  P. 83, *93*, 94, 95, 96

Le Rendez-vous des Chats (M. N. 80). — T. C. : H. 0,425. L. 0,322.
  P. 83, *91*, 92, 100.

---

(1) *Voir la note 2 de la page 84.*
(2) *Il fut fait, du Polichinelle, un tirage à 26 exemplaires numérotés et signés.*

III. — AUTOGRAPHIES

Le Café (M. N. 88). — Sans T. C. ; H. 0,262. L. 0,353. — P. 101.

Le Corbeau, illustration. cinq dessins (M. N. 90 à 94). — P. 100, 103.

Le Corbeau, dessin pour affiche (M. N. 95), p. 101.

Au Paradis (M. N. 89). — T. C. : H. 0,245. L. 0,349. — P. 102.

Tête de Corbeau et petits Chiens (M. N. 96). — Sans T. C. :
    H. 0,250. L. 0,320. — P. 101.

IV. — BOIS

L'Après-midi d'un Faune, illustration, quatre dessins (M. N. 101
    à 104), p. 98, 103.

Madame de Callias (M. N. 100). - T. C. : H. 0,101. L. 0,075. — P. 102.

Le Chemin de fer (M. N. 98). — T. C. : H. 0,182. L. 0,225. — P. 102.

Olympia (M. N. 97). — T. C. : H. 0,130. L. 0,184. — P. 102, 133.

La Parisienne (M. N. 99). — T. C. : H. 0,100. L. 0,148. — P. 102.

BIBLIOGRAPHIE

I. — OUVRAGES SUR MANET

Emile Zola. — *Edouard Manet, étude biographique et critique*,
in-12°, Paris, Dentu, 1867. — *Mes haines*, 1879.

Edouard Manet. — *Galerie contemporaine, littéraire, artistique*, 1re série, n° 12, in-4°, Paris, s. d. (1875). — *Articles nécrologiques parus dans les journaux et revues en 1883*. (Un précieux recueil en est conservé à la Bibliothèque d'Art et
d'Archéologie sous la cote 74-d-24).

Edmond Bazire. — *Manet*, in-8°, Paris, Quentin. 1884.

Jacques de Biez. — *Edouard Manet*, in-8°, Paris, Baschet, 1884.

Louis Gonse. — *Manet*, in-8°, Paris, 1884.

Gustave Geffroy. — *Edouard Manet. La vie artistique*, 1re série,
1892. — 3e série, 1894. — 6e série, 1900.

Théodore Duret. — *Histoire de Manet et de ses œuvres*, in-4°-
Paris, Floury, 1902. — *2e édition*, 1906. — *Manet* (3e édition du

même livre), in-4°, Paris, Bernheim jeune, 1919. — *Manet and the french Impressionists*, in-4°, Londres, 1912.

Meyer-Graefe. — Manet und sein Kreis, in-12°, Berlin, s. d. (1902).

Tschudi. — *Manet*, in-12°, Berlin, Bruno Cassirer, 1902.

Le Journal des Curieux, *10 mars 1907*. — Numéro spécial consacré à Manet.

Camille Mauclair. — *La Femme dans l'œuvre de Manet*. L'Art et les Artistes, Janvier 1906.

Georges Jeanniot. — *En souvenir de Manet*. Grande Revue, 10 août 1907.

Camille de Sainte-Croix. — *Edouard Manet*. Portraits d'hier, 1re année, n° 19, 15 décembre 1909.

Louis Hourticq. — *Manet*, notices par Jean Laran et Georges Le Bas. Collection « L'Art de notre temps », in-12°, Paris, Librairie générale des Beaux-Arts, s. d. (1912).

Antonin Proust. — *Edouard Manet*, in-8°, Paris, Laurens, 1913.

J.-E. Blanche. — *Manet* (Collection des « Maîtres de l'Art Moderne »), in-8°, Paris, Rieder, 1924. — *Propos de peintres. De David à Degas*, 1925.

II. — CATALOGUE DE L'ŒUVRE GRAVÉ DE MANET

Henri Béraldi. — *Les graveurs du XIXe siècle*.

C.-C. (Charles Chincholle). — *L'Estampe*, n° du 26 novembre 1893.

Etienne Moreau-Nélaton. — *Manet graveur et lithographe*, in-4°, Paris, Loys Delteil, 1906.

III. — OUVRAGES SUR LA GRAVURE

Gilbert Hamerton. — *Etching and etchers*, in-8°, Londres, 1868.

Henri Bouchot. — *La Lithographie*. Bibliothèque de l'Enseignement des Beaux-Arts, in-12°, Paris, Quentin, s. d. (1895).

Léon Rosenthal. — *La Gravure*, in-8°, Paris, Laurens, 1909.

François Courboin. — *La gravure en France des origines à 1900*, in-4°, Paris, Delagrave, 1923.

TABLE DES MATIÈRES

TABLE DES ILLUSTRATIONS

ACHEVÈ
D'IMPRIMER
LE 10 DÉCEMBRE 1925
PAR MESSIEURS LE GOUPY
GRAVEURS-ÉDITEURS
BOULEVART DE LA
MADELEINE, 5
A PARIS.